東大卒が
おしえる

大学合格を引き寄せる！

逆転

おうち

勉強法

み

KADOKAWA

はじめに

みなさんには、行きたい大学や気になっている大学がありますか？

地方公立校出身のわたしが初めて東京大学を意識したのは、高校1年生の進路希望調査のときでした。どんな大学があるのかまったく知らなかったわたしは、実力もないくせに名前を知っているからというだけで東大を第一志望の欄に書いてしまい、そこから「行くって言っちゃったし、東大に入らないといけないのでは？」という謎の自己暗示にかかってしまいました。

最終的に志望校を東大の文科三類と決めたのは、高2から高3に上がるときの春休み。それから1年間、自分なりに勉強を重ねました。

しかし、成績はなかなか上がらず、模試ではいつも**D〜E判定**ばかり。どうすればいいかわからないまま入試当日を迎え、**結局合格点までかなりの大差で落ちてしまいました。**

東大受験生をはじめ、大学受験生の多くはどこかしらの塾や予備校に通います。そんななか、わたしは独学で勉強をする**「自宅浪人（宅浪）」**という道を選びました。そして1年間の宅浪生活の末、なんとか東大に入学することができたのです。

勉強の天才でもなければガリ勉でもなく、鋼のメンタルの持ち主でもないわたしが、大差で不合格になった東大にどうしておうち勉強だけで合格することができたのか。本書では、その理由を詳しくお話ししたいと思います。

東大や難関大学に合格できるのは、一部の天才だけではありません。いつまでになにをやるべきかを知り、適切な学習を重ねれば、いまこれを読んでくださっているすべての方に可能性があります。

　勉強の内容と併せて大切なのが、勉強を楽しむことです。わたしもじつは、勉強が好きではありません。できることなら寝ていたいし、勉強しなくて済むならばんざーい！　という感じです（笑）

　ですが、勉強を「苦行」と思ってしまうと、机に向かっている間じゅうつらい思いをしなければならず、そんな状態では実力もつきづらくなってしまいます。わたしは勉強が好きではありませんでしたが、楽しむ努力はたくさん重ねてきました。

　わたしはこれを**「ごきげん勉強法」**と呼んでいて、「すべての人にごきげんな勉強法を」というコンセプトのもと、楽しい勉強法を発信する勉強法デザイナーという仕事をしています。

- **いまはまだ志望校のレベルにまったく届いていない人**
- **模試で点数がとれず、判定もDやEばかりの人**
- **志望校に合格するためになにを勉強したらいいかわからない人**

　そんな人も、本書で紹介する「正しい勉強法」と「楽しい勉強法」を身につければ、逆転合格を叶えることができます。

　大丈夫！　まだ絶対に間に合います。人生にそう何度もない受験というビッグイベント、一緒に楽しみながら大逆転しちゃいましょう！

CONTENTS

3章 独学でも合格できる正しい勉強法

👑 定期テストの活用法 61

👑 勉強計画の立て方 65

👑 勉強記録のつけ方 78

4 章 教科別のお悩み解決勉強法

👑 社会の必勝勉強法　147

👑 社会のお悩みQ&A　151

5章 最強のモチベアップ・メンタル術

ブックデザイン	喜來詩織（エントツ）
イラスト	pum
DTP	山本秀一、山本深雪（G-clef）
校正	鷗来堂
編集	篠原若奈（KADOKAWA）

※本書は、2023年8月現在の情報に基づいています。

1 章

受験勉強の前の
心がまえ

いまの実力がまだ足りていなくても、
志望校に逆転合格することは
充分可能です。
まずは、逆転合格に欠かせない
大切な心がまえを知っておきましょう！

わたしが独学で
東大に合格できた理由

「はじめに」でお話ししたように、わたしは高3のときは模試の判定もD〜Eばかりで、本番も大差で東大に落ちてしまいました。ですが、自宅浪人をしていた1年間は、模試ではだいたいいつもA判定で成績上位者として名前も掲載され、無事に合格することができました。

1年前はまったく合格圏にいなかったわたしが、おうち勉強だけで東大に合格できたのはなぜなのか？　と考えると、大きく3つの理由を挙げることができます。

いつまでになにをやるべきかを
知っていたから

1つ目は、浪人時代には**「東大に合格するためには、いつまでになにをやればいいか」ということがわかっていたから**です。

逆に言うと、高3のときにはこれがまったくわかっていませんでした。どの参考書を使えばいいのか、何月くらいまでに基礎固めをしておいたらいいのか、いつから過去問を始めたらいいのかなどがわからないままがむしゃらに勉強した結果、合格に必要な勉強が入試の日までに終わらず、あえなく撃沈ということになってしまいました。

わたしが高3の東大受験で不合格になったときに思ったのが、**「今回は落ちてしまったけど、『なにをやるべきだったか』はわかったな」**ということでした。そしてそれがわかった以上、わざわざ塾や予備校に行ってカリキュラムを組んでもらわなくても、**自分専用のカリキュラム**でおうち勉強をすればいいのでは、と思うことができたのです。

自分のことをよく知るようにしたから

　2つ目は、**自分自身についてよく知ったうえで勉強をしたから**です。

　世の中にはたくさんの勉強法がありますが、最短距離で志望校合格を目指すには**「自分に合った勉強法」**で勉強することが大切です。わたしは自分の性質や体質をしっかり把握することで、自分に合ったやり方を確立していきました。

たとえば、
- **集中力がもたない**（20分くらいで飽きてしまう）
　→こまめに科目や勉強内容を「味変」することで、なるべく飽きずに勉強する
- **朝起きるのが遅くなると一日じゅう落ち込んでしまう**
　→家族にも協力してもらって、なんとか朝9時までには起きる
- **身体が弱く、長時間勉強すると翌日動けなくなってしまう**
　→一日の勉強時間はなるべく短くし、そのなかで濃密な勉強ができるように計画を組む

といった感じです。志望校の「傾向と対策」だけでなく、**自分自身の「傾向と対策」を考える**ことで、モチベーションを保ちながら効率的な勉強ができたと思います。

執着と覚悟があったから

3つ目は、**「東大生になる」という執着と覚悟をもっていたから**です。

いろいろな要因はありますが、結局はこれがいちばん大きいのかも……と感じます。わたしは東大受験を決めた高2の終わりにも、もう1年がんばると決めた高3の終わりにも充分な実力はありませんでしたが、**「東大生になる」という決意**だけは一度もブレませんでした。

「東大生になる」と決めてしまえば、東大生になるための行動をとるようになります。ほとんど思い込みに近いものですが、「絶対にこの大学に入る」という執着と「そのためにはどんなにしんどくてもがんばる」という覚悟は、心折れずに受験勉強を乗り切るための強いお守りになってくれました。

逆転合格に必要な3つの力

　これを読んでいる人のなかには、「いまの実力では、志望校合格は到底無理かも……」「がんばったってどうせ合格できないのではないか」と弱気になっている人もいるかもしれません。わたしも高3まではずっとそう思っていました。

　でも、そんなふうにあきらめるのはまだ早すぎます。**現状の実力が足りていなくても、最終的に志望校に合格すること＝「逆転合格」**は可能です。

　逆転合格には次の3つの力が必要だとわたしは考えています。

①情報収集力

　まず身につけておきたいのが**「情報収集力」**。「受験は情報戦」という言葉を聞いたことがある人も多いと思います。

- **どんな大学や学部・学科があるのか**
- **どんな受験形式があるのか**
- **どんな対策をすれば合格できるのか**

といった情報を早い時期からこまめにキャッチアップできたかどうかで、受験がうまくいくかどうかはかなり変わります。受験勉強自体は受験生になってからでかまいませんが、**こうした情報集めは高1**

のころからアンテナ高く積極的に行ってほしいなと思います。

受験の情報の集め方としては次のようなものがあります。

- 高校や塾でもらえる情報を集める（授業や進路指導など）
- 大学受験案内や大学図鑑、学部学科図鑑のような本を読む
- 気になる大学のパンフレットを取り寄せる
- 気になる大学の公式サイトを確認する
- オープンキャンパスに参加する
- （自由に入れる大学の場合）普段のキャンパスを散歩してみる
- 学園祭を観に行って雰囲気を体感する
- 実際に通っている人の声を聞く（直接話す・SNSをチェックするなど）

②見通し力

全体のイメージを把握する**「見通し力」**も重要です。

受験勉強、特に難関大学や国公立大学の一般入試の対策では、科目の数や範囲の広さが膨大になります。数えきれないほどのタスクを入試当日までにこなすには、

- **「いつまでになにをしなければいけないのか」**を正確に理解すること
- それを実現するための最適な勉強計画を立てること
- 常に**「自分がいまどの位置にいるのか」**を把握すること

が必要です。全体像がわかってさえいれば、自分の進捗に遅れがあるときには少し追い上げられるような調整を、余裕があるときにはやや息を抜きながらの勉強をすることができ、無理なく無駄なく合

格に近づくことができます。

③ごきげん力

もう1つ大切なのが**「ごきげん力」**です。

これは、**自分のごきげんをとりながら楽しく勉強し、最後までめげずに走り抜く力**。長期間にわたる受験勉強では、大変なことやしんどい時期も当然あります。そんなときでも上手に自分をコントロールしながら勉強をつづけることができれば、楽しい受験生生活を送りながら志望校合格に近づくことができます。

わたしが浪人時代を振り返って、「あの1年は本当に楽しかった！」と心から言えるのは、常に自分のごきげんをとりながら過ごしていたからだと思っています。

逆にごきげん力がないと、受験生としての1年（あるいは数年）が暗く苦しい思い出になってしまったり、たとえ合格できても入学後に燃え尽き症候群で無気力になってしまったりすることもあります。

最後は執着と覚悟

ここまでの3つの力をつけたうえで、最後にものを言うのはやはり**執着と覚悟**です。その目標にこだわり抜いた人間が、結局いちばん強いのです。

知識やスキルも大切ですが、「絶対に合格してやる！」という気持ちも忘れずに受験勉強に臨んでくださいね。

合格する受験生が
決して言ってはいけないこと

　これから受験勉強をがんばるみなさんに、絶対に言ってほしくない３つの言葉があります。これを口にすると勉強と向き合う姿勢が崩れ、合格が遠ざかってしまいます……。

✕「自分ってバカだなぁ」

　問題を解けなかったときの「わー、俺バカ！」や、友だちと話しているときの「わたしバカだから〜」のような言葉。こうした**自分を卑下するようなワードは厳禁**です。

　自己暗示の力というのはみなさんが思っている以上に絶大です。自分に対して「バカ」「頭が悪い」などの言葉をかけてしまうと、脳は「自分ってバカなんだ、頭が悪いんだ」と思い込んでしまいます。そうなると、せっかく勉強をがんばっても「どうせバカだから無理だ」「頭が悪いからきっと覚えられない」という意識が働き、本当に勉強ができなくなってしまうのです。

　わたしは実際には思っていなくても、ちょっとしたことで**「わー、わたし天才！」「今日がんばってる！　最高！」**などと自分に声をかけるようにしています（公共の場所では声を出しませんが……！）。いい言葉をたくさん発して、いい自己暗示にかかっていきましょう。

✘「あの子はいいよなぁ」

誰かを妬んだり過剰に羨んだりする言葉、他人と比べて自分を貶めるような言葉もNGです。

　たしかに、受験は決まった募集人数の枠をかけて戦うものではあります。ですがそれ以前に、**「実力の足りていない現状から努力を重ねることで、志望校の求めるラインまで自分がレベルアップする」**というのが本質であるはず。他人との比較になるのは本当に最後の最後、入試当日に1点とかコンマ数点で枠を争ったときだけです。

　身近な人や特定の人と自分を比べて落ち込むより、昨日の自分と比べて今日の自分が勝てるように努力すること。他人を蹴落とすのではなく、自分自身の実力をぐんぐん上げようと考えること。これは受験勉強に必要な品性として大切にしてほしいなと思います。

✘「いまから勉強したら
この学校に合格できますか？」

　わたしはこれまで小学生から大人の方まで1万人以上の方の勉強相談に乗ってきました。中学・高校・大学の各受験や会社員の経験もあるので、基本的にはどんなご質問にも答えられると思っています。

　ですが、そんななかで1つだけ、どうしてもお答えできない相談があります。

それは、「この学校（もしくはテストの点数や順位）を目指しているんですけど、いまから間に合いますか？」「いまの偏差値が○○くらいなのですが、がんばれば××くらいまで上がりますか？」といった質問です。これだけはどうしてもお答えすることができません。

　少し厳しい言い方になってしまいますが、「できるかできないか？」「間に合うか間に合わないか？」を他人に聞いているうちは、合格などできるはずがありません。**勉強というのは、できるかどうかではなく、やるかどうかです。**間に合いますか？　ではなく、間に合わせるんです。なんとしても。

　受験は特殊な能力を試されるものではありません。**正しい方法でしっかり努力すれば、どんな人だろうと合格ラインに入れる可能性があります。**逆転合格を目指すみなさんは、誰かに「がんばれば合格できますか？　間に合いますか？」と聞くのはやめて、「がんばって合格します！　なんとしても間に合わせます！」と言ってほしいなと思います。

2 章

高校3年間の
時期別勉強法

受験では、
「いつまでになにをすればいいのか」を
理解しておくことが非常に大切です。
この章では時期別のやるべき勉強をご紹介するので、
一緒に頭のなかに本番までの
勉強ロードマップを描きましょう！

逆転合格を叶える！
高校3年間のロードマップ

　前章でお話ししたとおり、逆転合格（＝現状の実力が足りていなくて
も、最終的に志望校に合格すること）を叶えるためには、**受験勉強全体
のイメージをつかんでおくこと**が重要です。

　高校3年間でやるべきことを時期別にざっくりまとめると、この
ような感じになります。

高1でやるべきこと

● 予習・復習を習慣化し、
　勉強リズムを作る

● 英語・数学を
　地道に固める

● 定期テストで
　全力を尽くす

● 文理選択までに学部・
　学科について調べておく

● 気になる大学の
　パンフレットを
　取り寄せてみる

● 勉強以外の
　要素を楽しむ

高2でやるべきこと

- オープンキャンパスに行く
- 志望校を決める
- 英語・数学を引き続き固める
- 国語に本腰を入れる
- 理科・社会を少しずつ始める
- 過去問を1年分解いてみる
- 高3の年間計画を立てる

高3でやるべきこと

・1学期にやるべきこと

- 基礎固めをする
- 高1〜2の範囲の苦手をつぶしておく
- 志望校を確定し、1年間の模試のスケジュールを組む

・夏休みにやるべきこと

- 基礎固めをつづけつつ、応用レベルの問題も解きはじめる
- 苦手科目の底上げをする
- 理科・社会の範囲を軽く先取りしておく
- 夏の模試を受ける
- 暗記ノートを作る
- 二次試験・個別試験のためのホテルを予約しておく

・2学期にやるべきこと

- ●応用レベルの
  問題に取り組む
- ●過去問を解く
- ●共通テストの
  願書を出す
- ●秋の模試を受ける
- ●暗記ノートを作る

・冬休み〜直前期にやるべきこと

- ●暗記ノートを
  何周も
  くり返す
- ●過去問・
  予想問題中心に
  演習する
- ●試験の会場の
  下見をしておく
- ●これまで解いた
  問題を
  解き直す

入試
本番へ

　大きな流れとしては、**高1〜2の間に英語・数学を中心とする基礎固めを行いつつ大学受験の情報収集を進め、高3になったら徐々に応用レベル問題→本番レベル問題へと進んでいく**イメージです。

　ここからは、それぞれの時期にやるべきことを詳しく解説しますね。

高1でやるべきこと

　1年生はまだ大学受験を身近に感じる機会は少ないかもしれませんが、この時期に基礎的な力をつけられていたかどうかで、受験生になってからの余裕度が大きく変わります。次のようなことをしておきましょう。

◎ 予習・復習を習慣化し、勉強リズムを作る

　高校の勉強で欠かせないのが、日々の予習・復習です。**英語・古典は特に予習を、数学・現国・理科・社会は特に復習をしっかり行うことが重要です。**

　高1のうちからこうした日常の勉強をきちんとしておけば、いい勉強のリズムができ、高3になっても苦労せず受験勉強モードに入ることができるようになります。わたし自身、高校入学当初から予習・復習と週末課題に毎回しっかり取り組んでいたおかげで、受験勉強が本格化しても過度なストレスを感じずに済みました。

◎ 英語・数学を地道に固める

　大学受験の勉強では、**「高1〜2のうちに英数を固め、高3に入るあたりからその他の教科にも本腰を入れる」**というのがセオリーです。1年生の間は、部活やアルバイトなどで忙しくても英語と数学だけはサボらずにやっておきましょう。

英語では**英単語**と**英文法**をおさえることが重要です。難関大学を目指す人は、使う英単語帳を1冊決めて少しずつ進めるようにしましょう。同時に複数冊を進めるのは非効率になってしまうのでNGです。英文法は、基本的には学校の授業の内容を理解できていればOK。文法知識はテキストを読むだけでは使えるようにならないので、問題集を解くなどアウトプットを重視してください。

数学では公式を覚え、**基本問題**を確実に解けるようにすることが大切です。授業で扱った例題や基礎レベルの問題を確実に解けるようにしておきましょう。

数学は英語と同様、前の内容が理解できて初めて次の内容に進むことができる**「積み上げ」**科目です。ある単元の問題を解くためには、その前までの内容を理解しなければなりません。苦手に感じる単元が出てきた場合は、その単元の基礎の基礎まで戻ったり、その前の単元までさかのぼって学習し直したりするのが効果的です。こまめに復習をしながら進めていくようにしましょう。

◉ 定期テストで全力を尽くす

中間テストや期末テストなど、学校の定期テストでは常に全力を尽くすようにしてください。

どんな難関大学の入試も、ベースは学校で勉強した内容から出題されます。学校で勉強した内容を確認するのに最適なのが定期テスト。毎回のテストにしっかり取り組み、答案返却後の復習まできちんとしておけば、自動的に受験の対策にもなるのです。

なお、**学校推薦型選抜を検討している人は普段のテストの成績が合否に大きく影響することがある**ので、特にしっかりと取り組んでおきたいところです。

◎　文理選択までに学部・学科について調べておく

　多くの学校では、高1の秋から冬にかけて**文理選択**の時期を迎えます。その後の進路にも大きく関わってくることなので、**選択前に大学の学部や学科について調べておく**ことが大切です。

　それぞれの学部や学科で学べる具体的な内容をまとめた書籍などもたくさん出ているので、カタログ感覚で一度読んでみるのがおすすめ。「こんな学問があるんだ！」とわくわくすることもあるかもしれません。

　ちなみにわたしは、当時興味があったのが日本文学・日本語学・心理学などいずれも文学部系統の分野だったこと、英語と国語が得意科目だったことから、あまり迷わずに文系を選択しました。

◎　気になる大学のパンフレットを取り寄せてみる

　早いうちから少しずつ大学の情報を集めておくと、その後の受験勉強を有利に進めることができます。高1の間はそこまで本格的に情報収集をしなくてもいいので、まずは**「この大学、ちょっと気になるかも」という大学のパンフレットを取り寄せる**ところから始めてみましょう。

　パンフレットは各大学のサイトを探さなくても、**取り寄せ専門の**

サイトから一括で取り寄せることができます。基本的に無料で手に入れることができるので、何校分か取り寄せて読み比べてみるといいでしょう。

◎ 勉強以外の要素を楽しむ

ここまで受験勉強に関することをお話ししてきましたが、高校生活を構成するのは受験勉強だけではありません。行事や部活、習い事、アルバイト、友だち・恋愛関係など、勉強以外の様々な要素がありますよね。

極端な話、受験勉強はその気になれば大人になってからでもできますが、**10代として高校生活を送ることはいましかできません**。勉強はもちろん疎かにしてほしくありませんが、勉強だけにすべてを捧げるのではなく、いましか経験できない高校生活をぜひ目一杯楽しんでほしいなとわたしは思います。

わたし自身、高校時代に行事に一生懸命になったり、部活に全力を注いだり、習い事に通ったりしたことはとてもいい経験になりました。上手にバランスをとりながら、いろいろなことに挑戦してみてくださいね。

高2でやるべきこと

　2年生はじわじわと受験が現実的になってくるころ。まだ「THE 受験勉強」という感じのことはしなくてもかまいませんが、徐々に本腰を入れた勉強や情報収集を進めていきましょう。具体的には次のようなことをしておくのがおすすめです。

◎　オープンキャンパスに行く

　高2の間にぜひやってほしいのが、**気になる大学のオープンキャンパスやイベントに参加する**ことです。日程が合わず参加できないという場合は、ふらっと大学のキャンパスを訪れてみるのもいいでしょう。

　高3になってからもオープンキャンパスには参加できますが、受験勉強が本格化しているなかで時間を割いて出かけるのは焦りにつながってしまう場合も。なるべく2年生のうちにいくつかの大学を回るのがおすすめです。

◎　志望校を決める

　できれば高2の秋くらいまでに志望大学と学部を決めましょう。迷っている場合は、一旦いちばん難しいところ（偏差値がいちばん高い、受験科目がいちばん多いなど）を仮の志望校としてみてください。目標は下げるのは簡単ですが上げるのは難しいので、**悩んだらとりあえず難しいほうを選ぶ**、が吉です。

わたし自身は東大を第一志望に決めたのが高2の終わりだったのですが、もう少し早くに決めていれば、より余裕をもった対策ができたのになと思っています。

◉ 英語・数学を引き続き固める

高1から引き続き、高2でも英数にしっかり取り組むことが大切です。高1のときと同様、まだ受験レベルではなく基本的なレベルに集中していてかまいません。

現時点で苦手な単元がある場合は、長期休みなどを利用してなるべくつぶしておけるとベストです。

◉ 国語に本腰を入れる

国語、特に古典の勉強を本格的に始めていきましょう。高2の間に基礎を固めておけば、高3になってからスムーズに問題演習に進むことができます。**古文・漢文は他の教科・科目と比較して得点を安定させやすい**ので、ぜひいまのうちに固めておけるといいですね。

具体的には、古文では**古文単語**と**古典文法**をマスターすること。古文単語は英単語と比べれば圧倒的に覚える数が少ないので、単語帳を1冊用意してくり返し読み込めばOKです。古典文法は英文法と同じく、アウトプット重視で問題集に当たるようにしましょう。**特に助動詞と敬語をしっかり理解しておくと、読解問題で困らなくなります。**漢文では**重要句形**をマスターするようにしてください。

現国の勉強としては、**漢字**と**評論用語**は高2のうちにある程度固

めておくようにしましょう。長文読解に苦手意識がある場合は、長期休みなどを利用して基礎レベルの問題集を解き進めるのがおすすめです。

◎ 理科・社会を少しずつ始める

理科・社会の対策も徐々にスタートしていきましょう。志望校に応じて、**受験科目**も考える必要がありますね。高2のうちは、まずは**これまで勉強した単元の基本的な用語を覚える**ようにしていきましょう。一問一答を使うのもおすすめです。

◎ 過去問を1年分解いてみる

高2の1〜2月にぜひやってほしいのが、**第一志望の大学の過去問と（受験する予定の場合）共通テストの過去問を1年分解く**ということです。

この時点ではまったく歯が立たない人がほとんどだと思いますが、それでかまいません。「こんな感じの問題が出るんだ」「これくらいのボリュームの問題を、これくらいの時間内で解かなきゃいけないんだ」ということを知ることができると、**ここから1年間でどれくらいがんばらなければいけないのかという肌感覚**をつかむことができます。

過去問の代わりに、塾や予備校の**同日体験模試**（入試と同じ日や直近の日に、実際の入試問題を解く体験ができる模試）を受けるのでもOKです。

◯ 高3の年間計画を立てる

　高2の終わりの春休みになったら、ここから受験までの1年間の勉強計画を立てましょう。

　年間計画はこのあと数カ月おきにアップデート（修正）をくり返していく前提なので、この時点ではざっくりとしたものでかまいません。計画の立て方は3章を参考にしてみてくださいね。

高3でやるべきこと

いよいよ3年生！　3年生とひとくちにいっても、時期によって
やるべきことは変わります。それぞれ次のようなことをしておきま
しょう。

1学期にやるべきこと

○ 基礎固めをする

受験生になったからといって、いきなり難しい問題を解きはじめ
る必要はありません。この時期はまだ基礎力を養成する段階。各教
科、次のような基礎を固めることに徹しましょう。

- **英語**……英単語・英文法・その他基本レベルの問題
  （読解・英作文・リスニングなど）
- **数学**……公式の暗記・基本レベルの問題
- **国語**……現国は漢字・評論用語、
  古文は古文単語・古典文法・基本レベルの読解問題、
  漢文は重要句形・基本レベルの読解問題
- **理科**……用語の暗記・基本レベルの問題
- **社会**……用語の暗記・基本レベルの問題

○ 高1～2の範囲の苦手をつぶしておく

高2までの範囲で苦手意識のある単元や分野が残っている場合は、いまのうちにつぶしておけるとこのあとの余裕が生まれます。苦手なところは教科書や難しい参考書に当たるよりも、**基礎の基礎から解説してくれる丁寧な参考書や講義式の参考書**を使ったほうが理解がスムーズになります。

○ 志望校を確定し、1年間の模試のスケジュールを組む

高3の頭までには志望校を（仮ではなく）決定したいところです。もちろん今後状況が大きく変われば別ですが、基本的には最後まで変えないつもりの第一志望を確定しましょう。

志望校を決めたら、受ける必要がある模試を1年分書き出します。特に塾に通わない人は模試をペースメーカーとすることになるので、この作業はとても大切です。学校全体で受験するもの以外は自分で申し込みをしなければならないので、申し込み期限も確認しておきましょう。ちなみに、わたしは1年間で次の13個の模試を受験しました（浪人時）。

- 6月：第1回全国模試（駿台予備学校）
- 7月：第1回東大入試プレ（代々木ゼミナール）
- 7月：第1回全国マーク模試（駿台予備学校）
   ※2023年現在は、駿台ベネッセ大学入学共通テスト模試
- 8月：第1回東大入試実戦模試（駿台予備学校）
- 8月：第1回東大即応オープン（河合塾）
   ※2023年現在は東大入試オープン（記述・論述式）

- 9月：第2回東大本番レベル模試（東進ハイスクール）
- 10月：第3回全統マーク模試（河合塾）

  ※2023年現在は全統共通テスト模試（マーク式）

- 11月：第2回東大即応オープン（河合塾）

  ※2023年現在は東大入試オープン（記述・論述式）

- 11月：第2回東大入試実戦模試（駿台予備学校）
- 11月：第2回東大入試プレ（代々木ゼミナール）
- 12月：全統センター試験プレテスト（河合塾）

  ※2023年現在は全統プレ共通テスト

- 12月：大学入試センター試験プレテスト（駿台予備学校）

  ※2023年現在は駿台atama＋プレ共通テスト

- 1月：第3回東大本番レベル模試（東進ハイスクール）

  ※2013年度当時のものです

夏休みにやるべきこと

◎　基礎固めをつづけつつ、応用レベルの問題も解きはじめる

　夏は「受験の天王山」ともいわれ、部活動をがんばっていた人たちも引退して受験勉強に専念できるようになる時期。**夏休みには引き続き基礎固めを進めながら、徐々に応用レベルの問題にも取り組んでいきましょう。**

　受験対策では、どんな科目でも**「基本（基礎）レベル→応用レベル→本番レベル」**の順に勉強を進めていくことが大切です。この順

番を守らないと、本質的な理解ができないまま進めることになってしまい、本番で入試問題に対応できるだけの力がつきません（これは高3時代のわたしの反面教師で、焦る気持ちから基礎をすっ飛ばして勉強した結果、試験当日まったく太刀打ちできないということになってしまいました……）。

◎ 苦手科目の底上げをする

苦手科目がある場合は、夏休みを「数学強化期間！」などと決めて底上げを図りましょう。長期休みというまとまった期間にしっかり取り組んでおけば、このあとの心の余裕も増します。

◎ 理科・社会の範囲を軽く先取りしておく

中高一貫ではない高校の授業では、理科や社会の受験範囲が冬ごろまで終わらないということもよくあります。その場合は、夏休み中に軽くでいいので自分で**先取り学習**をしておいてください。

やり方としては、**易しい読みもの系の参考書などを用意し、範囲の最後まで読み切ればOK**。教科書だと必要な情報がしぼられすぎていて初見では読みづらいので、参考書がおすすめです。

◎ 夏の模試を受ける

夏休みは予備校各社が大規模な模試を実施する時期。模試は自分の立ち位置を知ることができる貴重な機会なので、志望校に合わせて必要な模試を受験しましょう。**模試を受ける前には目標設定を行い、受けたあとは必ずその日のうちに徹底的な復習をしてください。**

模試の選び方や勉強法は次の3章で解説します。

◯ 暗記ノートを作る

　普段の受験勉強で何度も間違えてしまうところ、よく混乱してしまうところ、模試で間違えたところなどは、これくらいの時期から暗記ノートにまとめていくようにするのがおすすめです。

　わたしは写真のような手のひらサイズのバインダーとリフィルを用意し、そうした自分の苦手なポイントをここにすべて集約するようにしていました。覚えたいところはオレンジ色のペンで書き、赤シートで隠してテストできるようにしてあります。

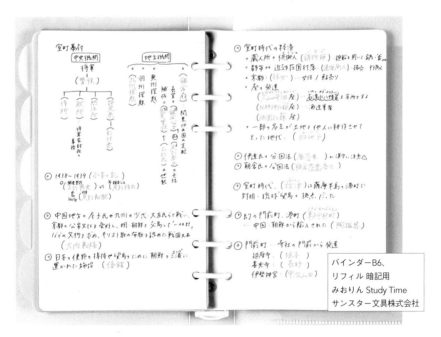

バインダーB6、
リフィル暗記用
みおりん Study Time
サンスター文具株式会社

　この方法でなくてもかまいませんが、**「自分の苦手が一箇所にまとまっている状態」を作る**ことはとても大切。逆に「この参考書のこことここが苦手、この問題集はこの問題とこの問題が解けない」

というような状況では、苦手なところを確認しようと思っても手間がかかってしまいます。

わたしはこのような暗記ノートを作っていたおかげで、「このなかに書いてあることを受験までにマスターするようにすれば、わたしの苦手は全部埋められるんだ！」と思うことができ、効率的に勉強を進められました。

◎ 二次試験・個別試験のためのホテルを予約しておく

遠方から泊まりがけで二次試験や個別試験を受験しに行く場合は、なるべく早いうちに**ホテルの予約**を済ませておきましょう。受験会場から交通の便がいいところは早くに部屋が埋まってしまうことがあるので、事前にチェックしておくのがおすすめです。

予約の受付開始時期はホテルによりますが、半年前くらいから予約できるようになるところが多いようです。わたしは東大の二次試験（2月25日・26日）のちょうど半年前に、父にホテルをおさえてもらうようにお願いしていました（ちなみにこれは浪人時代の話で、高3のときは予約が後手に回ってしまって会場まで行きやすいところが取れず、試験当日かなり歩くことになってしまいました……。志望校がはっきり決まっている場合は早めの予約がおすすめです）。

2学期にやるべきこと

◎ 応用レベルの問題に取り組む

2学期に入ったら応用レベルの問題を中心に演習を重ねましょ

う。各教科、次のようなことに取り組むのがおすすめです。

- **英語**……応用レベルの英文法、英作文、リスニング、長文読解などの問題
- **数学**……応用レベルの問題
- **国語**……応用レベルの現国の長文読解、古文・漢文の読解の問題（記述問題）
- **理科**……応用レベルの問題（記述問題）
- **社会**……応用レベルの問題（記述問題）

英語・国語の入試問題では長文の読解が大きな要素を占めるので、最終的にここで点数をとれるよう、読むスピードを上げたり、読みながら設問を解いたりする練習を重ねていきましょう。

苦手な科目や単元は無理せず基礎固めをつづけること。**「基本（基礎）レベル→応用レベル→本番レベル」の順番は死守する**ようにしてくださいね。

◎ 過去問を解く

このあたりから過去問にも挑戦しはじめましょう。志望校やそのときの実力にもよりますが、一般的には、

- **第一志望の過去問は10月あたりから**
- **併願校の過去問は12月あたりから**

という人が多いと思います。過去問の使い方については次の3章で

解説するので、そちらを参考にしてみてくださいね。

◎ 共通テストの願書を出す

　共通テストを受験する予定の人は、願書の提出を忘れずに！　9月下旬から10月初旬にかけて出願が受け付けられます。10月中旬ごろから私立の願書も取り寄せ可能なので、受ける場合はすみやかに取り寄せましょう（期間は年によって変わる可能性もあるので、ご自身で事前にご確認ください）。

◎ 秋の模試を受ける

　10〜11月も、予備校各社が主要な模試を実施する大事な時期。自分の志望校に合わせて適切な模試を受けましょう。

　ただし、模試を同時にたくさん受けてしまうと復習の時間が確保できなくなってしまうので、無理して受けすぎないことも大切です。迷ったらクラス担任や進路指導担当の先生に相談してみましょう。

◎ 暗記ノートを作る

　この時期も、**引き続き暗記ノートを充実させていく**のがおすすめです。これまで書いたところを日々復習しつつ、新たに見つけた自分の苦手は書き足していきましょう。

冬休み〜共通テスト前にやるべきこと

◎ 共通テストに重点を置いて勉強する

　1月中旬に行われる共通テストを受験する予定の人は、**この時期**

は基本的に共通テスト重視で勉強を進めましょう。過去問や予想問題を使い、本番と同じか少し短めの時間を設定して解く練習をしてください。

　共通テスト対策にどの程度の力を割くかは、

　　　①「共通テスト：二次試験」の配点比率
　　　②足切りの有無
　　　③共通テストに対する自分の得意度

を参考に検討してください。

　たとえば東京大学を例にすると、共通テスト：二次試験の配点比率は1：4と、共通テストの割合は低め。ただし、共通テストの点数によって足切りと呼ばれる第一段階選抜が行われるため、いくら配点が低いとはいえ、ある程度の点数をとっておかなければいけないことになります。

　それでも共通テストの問題が得意という場合はそれほど長時間を対策に充（あ）てなくてもいいのですが、わたし自身はマーク式のテストがとても苦手だったので、この時期はセンター試験（現・共通テスト）の勉強に多くの時間を振っていました。

◎　第一志望の大学の過去問を進める

　共通テスト対策と併行して、**第一志望の二次試験・個別試験の過去問演習**も進めていきましょう。解き終わったらきちんと丸つけと復習をし、苦手を見つけたら暗記ノートに転記します。

◉ 二次試験・個別試験の願書の作成をする

　第一志望や併願校の願書の取り寄せや作成もそろそろ始めておきましょう。10月中旬から取り寄せられる私立の願書は、12月中旬までには作成して、出願準備を進めておきましょう。国公立大学は1月下旬から2月頭にかけて出願の受付が行われるのが一般的です。

◉ 暗記ノートを何周もくり返す

　自分の苦手を集めた暗記ノートを何周もチェックするようにしましょう（暗記ノートに代わる別の勉強をしている場合は、それを進めればOKです）。

　新しい問題に数多く当たるより、これまで間違えたものを確実に確認していったほうが効率的に実力を上げることができます。

◉ 共通テストの会場の下見をしておく

　本番の数日前までに、**共通テストの受験会場の下見**をしておきましょう。できれば本番と同じ時間帯に、家から会場までのルートを実際に通ってみるのがおすすめです。難しい場合は時間帯をずらしてもかまわないので、ぜひ一度会場に行ってみましょう。

　通り道にあるお手洗いの場所やお昼ごはんを買う場所などを確認しておくと、当日余裕をもって行動することができます。

共通テスト後〜二次試験・個別試験前に やるべきこと

◎ 過去問・予想問題中心に演習する

　共通テストが終わったら、二次試験・個別試験の勉強にラストスパートをかけましょう。

　この時期の勉強の中心に据えるのは**過去問・予想問題**。本番と同じか、もしくはそれよりやや短めの時間をタイマーでセットし、時間内に問題を解き切れるように練習を重ねます。間違えたものは暗記ノートに転記するなどして、本番まで何度も復習できるようにしておきましょう。

◎ 暗記ノートを何周もくり返す

　過去問や予想問題と併せて、暗記ノートを何度もくり返しチェックします。「ここに集約されている自分の苦手を本番までにすべてつぶすぞ！」という気持ちで取り組んでくださいね。

◎ 二次試験・個別試験の会場の下見をしておく

　第一志望の二次試験・個別試験の会場の下見も一度しておきましょう。できれば当日と同じ時間帯にルートを確認できるとベストです。

　遠方から泊まりで受験しに行く場合は、前日や前々日に現地入りすることになると思います。わたしは試験前日に東京入りし、その日のうちに会場までのルートを実際に行って確かめてから、とんぼ返りでホテルに戻りました。

◉ 併願校の対策も忘れずに

　併願校の個別試験を受験する場合は、その対策もしておくように
しましょう。併願校のタイプやレベルにもよりますが、基本的には
過去問演習を何年分か行うのが効果的です。出題傾向や大問構成は
しっかりと調べ、時間内に合格点を獲得できるよう練習しておきま
しょう。

　わたしは下の写真のような感じで、簡単な**併願校の点数記録シー
ト**を作っていました。

早稲田大学入試（2007〜2013）

年度		英語 （90分、75点）	国語 （90分、75点）	世界史 （60分、50点）	合計点	合格最低点 （成績標準化後）	備考
2013	正答数	34/38 (V程度く)	36/42って 21/25問	33/40		127.3 （センター併用時:132）	成績標準化前の受験者平均 英語44.9/国語51.0 /世界史30.3/日本史30.4
	正答率	89.5% (〃)	85.7% 84%	82.5%	85.5%前後		
	得点（換算）	63点くらい?(V台)	64点くらい(85%なら)	41.3点くらい	168点くらい		
2012	正答数	29/38 (V程度く)	33/42くらい 22/27問	34〜35/43		127.8	英:Ⅰ 22.5min(Xくらい) Ⅱ 27min (J程度) Ⅲ 20min Ⅴ 11min Ⅳ 8.3min
	正答率	76.3% (〜)	86.8% 81.5%	79.1%〜81.4%	81%前後		
	得点（換算）	55点くらい?(Ⅴ程)	64点くらい	39.6〜40.7点	159点		
2011	正答数	30/38	35/42 21/26問	37/47		127	
	正答率	78.9%	87.8% 80.8%	78.7%	81%くらい		
	得点（換算）	55点くらい?	65点くらい	39.4点	160点くらい		
2010	正答数			33〜34/42		128	
	正答率			79.8%			
	得点（換算）			39.9点			
2009	正答数					129	
	正答率						
	得点（換算）						
2008	正答数					132.5	
	正答率						
	得点（換算）						
2007	正答数					133	
	正答率						
	得点（換算）						

> Excelで手作りした点数記録
> シート。細かな配点はわか
> らなかったため、単純に正
> 答数÷設問数で正答率を計
> 算して目安としていました。

受験前日・当日にやるべきこと

ここでは、共通テスト・二次試験・個別試験いずれのときにも意識してほしい、「本番前日～当日にやるべきこと」をご紹介します。

受験1週間前～2、3日前にやるべきこと

◎ 新しい問題は解かず、これまで解いた問題を解き直す

直前期は初見の問題に当たることは避けましょう。解けなかったときに必要以上に不安になってしまいますし、それを克服しようとしても数日間では難しいかもしれないからです。

この時期は、**いままで解いてきた問題のうち、まだ少し怪しいかもというものを中心に解き直してください。**暗記ノートを作っている人は、そのノートをくり返し確認するのが効果的です。

◎ 直前暗記リストを作る

試験の前日や当日の休み時間にざっと確認できる**「直前暗記リスト」**を作るのもおすすめです。「最後にここは確認しておきたい！」ということをルーズリーフなどに書き出しておけば、試験直前にどの参考書を開こうか迷ってそわそわする、ということを防げます。

⊚ 生活リズムを整える

月並みですが、生活リズムを整えておくことも大切です。試験の日のタイムスケジュールに合わせ、朝しっかり起きて活動する習慣をつけておきましょう。

⊚ スマホ時間はなるべく減らす

この時期は最後の追い込み期間。試験後に後悔しないよう、スマホで意味もなく SNS を見たりネットサーフィンをしたりする時間は極力減らしましょう。

ただし、こうした時間はちょっとした気分転換にもなるので、短時間であれば神経質になる必要はありません。

⊚ 試験当日のタイムスケジュールを書き出しておく

当日の動きを、時間とともに書き出しておきましょう。何時に起きて何時に家を出て何時の電車に乗るのか、しっかり調べて書いておくと安心です。時間の間違いのないよう、家族にもダブルチェックしてもらえるとベスト。

受験前日にやるべきこと

⊚ 当日の持ち物と服装をチェックする

受験前日には、当日の持ち物と服装をしっかりと確認しておきましょう。服装は当日の天気や気温を調べて選び、脱ぎ着のしやすいもの（体温調節がしやすいもの）を選んでくださいね。文字の入っている服は着ることが認められなかったり、裏返しで着るよう求められ

たりすることがあるので、避けておくのが無難です。

　わたしのおすすめ持ち物リストをご紹介しますので、参考にしてもらえたらと思います。

受験当日の持ち物リスト

●必須の持ち物

☑受験票　　　　　　☑学生証・生徒手帳

☑筆記用具　　　　　☑シャーペンの芯

☑消しゴム　　　　　☑上履き（必要な場合）

☑現金　　　　　　　☑ICカード・新幹線や飛行機のチケット

☑お弁当と飲み物　　☑スマートフォン

☑雨具

☑腕時計（1分単位の読み取りがしやすく、秒針のあるもの）

☑シャーペンまたは鉛筆（受験校のルールを事前に確認する）

●おすすめの持ち物【勉強道具編】

☑勝負ペン（これまでの模試などでも使ったお気に入りのペン）

☑暗記ノート　　　　☑直前暗記リスト

☑クリアファイル　　☑電子辞書

●おすすめの持ち物【寒さ対策・衛生用品編】

☑ハンカチ　　　　　☑使い捨てカイロ

☑常備薬　　　　　　☑目薬

☑マスク　　　　　　☑水に流せるポケットティッシュ

☑膝掛け用ブランケット

●おすすめの持ち物【モチベーション・集中力アップ編】

☑ お守り ☑ イヤフォン

☑ ヘアゴム・ヘアピン ☑ お菓子

☑ 勉強したノートやテキストの写真

●おすすめの持ち物【ホテルに宿泊する場合編】

☑ ホットアイマスク ☑ 部屋着

☑ スマホの充電器

◎ 直前暗記リストを読み返す

書き出しておいた直前暗記リストを読み返し、最後の確認をします。少しでも「どうだっけ？」ということが出てきたら、その場で調べて解決するようにしましょう。

◎ お腹に優しいものを食べる

当日の体調に響かないように、前日は生ものや冷たいもの、刺激物は避け、お腹に優しいものを摂るようにしましょう。寒い時期なので温かいものを選ぶのがおすすめです。

◎ いつもより少し早めに布団に入る

試験に備え、普段より少し早い時間に布団に入るようにしましょう。

緊張でなかなか寝付けなかったとしても、目をつぶっているだけでも身体は休まっているので大丈夫。**「何時に寝る」ではなく、「何時に布団に入る」を目標にする**と焦らずに済みますよ。

受験当日にやるべきこと

◎ 時間に余裕をもって出発する

当日はただでさえ気持ちが焦ってしまいがちなので、時間にはなるべく余裕をもって家やホテルを出るようにしましょう。電車やバスを利用するときは、自分が乗る予定の便かどうかしっかり確認してから乗るようにしてくださいね（各駅停車しか停まらない駅が会場なのに快速電車に乗ってしまった、というようなことがあると焦ってしまいます）。

◎ お手洗いの場所をチェックする

試験会場に着いたら、お手洗いの場所を**できれば複数箇所**チェックしておきましょう。休憩時間やなにかあったときに慌てなくて済みます。

◎ いつもと同じものを食べる

お昼休憩に食べるお弁当は、体調を崩さないためにも普段から食べ慣れているものにしましょう。ちなみにわたしは、模試でも入試本番でもおにぎりとお茶（もしくは水）と決めていました。

◎ 試験前までにペンなどをチェックする

各教科の試験前に、毎回ペンや消しゴムの最終確認を行います。特に、シャーペンの芯が短くなっていないか、鉛筆が折れていないかを確認しておきましょう。わたしは試験前のたびに消しゴムをきれいにしておくのがルーティンでした。

◎ 試験官の合図と同時に腕時計をONにする

　入試は壁掛け時計ではなく試験官の時計を基準に時間が計測されることがあります。わたしは正確な残り時間を把握できるように、**腕時計を試験開始時刻に合わせて止めておき、試験官の合図と同時にONにする**ようにしていました。

◎ 休憩時間には糖分補給＆イヤフォンで集中

　試験と試験の間の休憩時間には、ちょっとしたお菓子などで糖分補給をするのがおすすめ。

　また、周りの声が気になって集中できないという人は、イヤフォンで好きな音楽を流してシャットアウトしてしまいましょう。

◎ 1日目の出来が悪くても落ち込まないこと！

　共通テストや一部の大学の二次試験では、試験が2日間にわたることがあります。また、連続して複数の大学や学部の試験を受けることもあるでしょう。

　「1日目の手応えが悪く、暗い気持ちを引きずって2日目も撃沈してしまった」という失敗談をときどき聞きますが、じつはその日の自分の手応えやSNSの情報というのはあまりあてにならないもの。

　フタを開けてみたら案外点数がとれていたということもよくあるので、たとえ1日目の出来が悪かったと感じても、2日目や次の試験ではしっかり切り替えて新たな気持ちで受験するようにしてください。**終わった試験の情報を集めるよりも、次の試験の対策に時間を使いましょう。**

◎ 自己採点は全科目が終わってからにする

　二次試験や個別試験の自己採点をするかどうかは個人の判断によりますが、共通テストはその後の出願先の決定に関わるので、基本的に全員自己採点が必要です。

　この自己採点のタイミングは要注意。好みにもよりますが、個人的には**全科目が終わってからするのがおすすめ**です。
　途中で自己採点をしてしまうと、点数がよかった場合には気が抜けてしまう可能性がありますし、逆に点数が悪かった場合は必要以上に落ち込んでしまい、その後の試験に悪影響を及ぼしてしまうことも考えられるからです。

受験が終わったあとの心がまえ

　最後に、受験が終わったあとにするべきこと、心がけてほしいことをお伝えします。

受験終了後〜合格発表前の心がまえ

◎ 人事を尽くして天命を待つ！

　「人事を尽くして天命を待つ」という言葉があります。これは、できる限りのことを尽くして、あとは天にお任せするということ。ここまで一生懸命に努力したあなたにできることは、結果はもう天に任せて、あとは善行を積むことくらいです。終わった試験のことを必要以上に考えるのはやめて、どんとかまえましょう。

◎ 後期試験がある人は勉強を始めておこう

　後期試験など、このあとも受験の予定がある人は早めに対策を始めておきましょう。前期の不合格がわかってから後期の勉強を始める、という人もいますが、気持ちに余裕をもつためにも前期終了後すぐからスタートするのがおすすめです。

◎ 合格していた場合にやること、不合格だった場合にやることを確認しておく

　第一志望の結果が合格だった場合・不合格だった場合にそれぞれやることを確認しておきましょう。合格だった場合には入学手続き

や（人によっては）引っ越しの準備が、不合格だった場合には後期試験などの準備や予備校の検討などがあってバタバタとするので、やることをあらかじめ整理しておくと安心です。

合格発表のあとの心がまえ

◎ お世話になった方々へのお礼

結果が合格でも不合格でも、受験に際してお世話になった方には報告とお礼を忘れないようにしましょう。直接会えない場合はお手紙を書くのもいいと思います。

◎ 他の受験生たちの涙を忘れない

第一志望への進学が決まった人たちに覚えておいてほしいことが1つあります。それは、**あなたの合格の陰で、涙をのんだたくさんの受験生たちがいるということ**。あなたが入れた学校は、誰かが入れなかった学校なのです。

行きたい学校に進めるということは、もちろんあなた自身が努力した結果でもありますが、その進学を許される環境にあった幸運のおかげでもあります。

行きたい学校があっても、家計に余裕がなかったり、保護者の方の理解が得られなかったり、心や身体の調子を崩してしまったり、がんばったけれど実力が及ばなかったり、いろいろな事情で入ることができなかったという人たちがこの世にはたくさんいます。

もちろんその人たちの気持ちまで背負う必要はありませんが、その存在を少しだけでも心に置いておくと、大学入学後につい怠けそうになったとき、踏みとどまる力になってくれるかもしれません。

● 選んだ道を正解にするための努力をする

　なかには第一志望の学校に落ちてしまい、第二志望以下の学校に進学したり、浪人したり、進学をあきらめたりすることになる人もいるでしょう。

　その瞬間はどうしても「望みどおりの結果を得られなかった」「挫折した」と感じてしまうかもしれません。でも、人生全体で見たら、不合格になったことが必ずしも悪いこととは限りません。

　正解の道はわからなくても、選んだ道を正解にしていくことはできます。どんな結果であれ、今回の経験を今後の人生においてプラスの出来事にしていくこと。それが最も大切なことなのではないかな、とわたしは思います。

　わたしが大学に落ちてしまったときの思いややったことは156ページのコラムでお話しするので、よければ参考にしてみてくださいね。

3 章

独学でも合格できる
正しい勉強法

最短距離で逆転合格を達成するためには、
正しい方法で勉強を積み重ねることが必要です。
この章では、学校の授業や定期テストの活用法から、
受験に欠かせない勉強計画術や
模試・過去問の使い方まで、
全教科に使える勉強法の基本を詳しく解説します。

学校の授業の活用法

授業前にやるべきこと

○ 予習orプチ予習をする

　授業前には予習をしましょう。内容をある程度知っている状態で授業を受けると、内容理解のスピードが上がり、学習の定着率をアップさせることができます。

　特に英語と古典は予習が重要な科目なので、教科書の訳^{やく}や単語調べをしておくようにしてください。 詳しいやり方は次の4章でご紹介します。

　その他の科目も、教科書や読みもの系の参考書を軽く読んでおくなど、**プチ予習**をすることで学習効率を高めることができます。

○ 満点を目指して小テストの勉強をする

　小テストが頻繁に行われる授業もあると思います。順位や偏差値が出ないからといって侮^{あなど}らず、**毎回の小テストでは満点を目指して勉強していく**ようにしましょう。

　逆に小テストで低い点数がつづいてしまうと、授業に置いていかれたり、その科目に苦手意識をもったりしやすくなってしまいます。常に高い点数をとれるような取り組みを習慣づけておきましょう。

授業中にやるべきこと

● 授業ノートを工夫する

　授業ノートは、**あとから読み返したときにわかりやすいように工夫して書く**ようにしましょう。わたしは高校の授業ノートをしっかりと書いていたおかげで、それを参考書代わりにして自宅浪人を成功させることができました。

　授業ノートで意識すべき点は大きく2つあります。

　1つ目は、**どこになにが書いてあるかがわかるように My ルールを作る**ということ。レイアウトを固定せず毎回あちこちにメモを書いたり、その時々の思いつきでペンの色を変えたりしていては、復習やテスト勉強をする際にどこに注目すればいいのかわからなくなってしまいます。
　ノートのレイアウトは毎回固定し、ペンの色も「赤は最重要項目、青は補足項目」などあらかじめ意味を決めておきましょう。

　2つ目は、**授業の光景を思い出せるようにメモをたくさんとる**ということ。ちょっとしたことでもメモが残っていると、「ああ、あのときの授業か」と**授業風景が頭に浮かび、そこから芋づる式に授業内容を思い起こすことができます。**
　授業内容に直接関係のあることはもちろん、「先生は今日奥さんと喧嘩して落ち込んでいるらしい」など、内容と関係なくても印象に残ったことがあればぜひメモをしてみてください。

◎ 疑問点をチェックしておく

授業中に理解しきれないことや気になることが出てきたら、ペンやふせんなどを使ってチェックを入れておきましょう。その場で資料集や辞書などを使って解決できる内容であれば、すぐに調べてメモを書いておきます。

授業後にやるべきこと

◎ 疑問点を解消する

授業が終わったら、授業中にチェックした疑問点について、調べたり先生に質問したりしましょう。**疑問を放置しないことは志望校合格のための大切な条件です。**

◎ 次の授業までにやるべきことをリストアップする

次回の授業範囲を確認し、予習や課題などやるべきことをリストアップしましょう。部活や課外活動が忙しい人は、あらかじめ手帳に「この日のこの時間にこれをやる」と書き込んで時間を確保するのもおすすめです。

◎ 授業ノートをパラパラ読み返す

軽くでもいいので、授業中に書いたノートを読み返しましょう。その日のうちに読み返しておくと、授業の印象が深まって記憶が定着しやすくなります。

定期テストの活用法

テスト範囲が発表されたらやるべきこと

◎ テスト範囲をチェックする

　まずは教科書や資料集などを開き、テスト範囲の開始ページと終了ページにふせんを貼ります。これをしておくと、毎回テスト範囲を調べなくて済むだけでなく、「ふせんとふせんの間に挟まれた厚み＝テストまでに勉強しなければいけない分量」ということになり、やるべきボリュームを直感的に把握することができます。

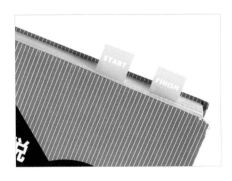

「付箋セット　みおりん Study Time
テスト勉強用」
サンスター文具株式会社

◎ 目標を設定する

　テスト勉強を始める前に、**自分との作戦会議を行って目標を決めましょう。**

　設定するのは、**各科目の目標点と合計の目標点**。校内順位や偏差値の目標を立ててもいいのですが、これらは周りのがんばり具合と

いうコントロールの利かない要素が大きく関係してしまうので、まずは自分ががんばっただけ上げることができる点数目標を設定するのがおすすめです。

◯ 勉強計画を立てる

設定した目標を達成できるよう、**やるべきことを洗い出してToDoリストを作ります**。そしてテストまでのスケジュールを確認し、どの日にどの勉強をするか割り振っていきましょう。

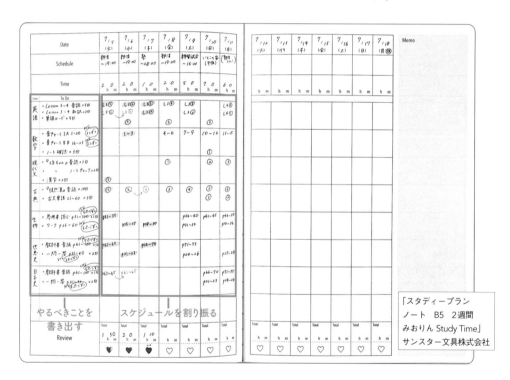

「スタディープラン
ノート　B5　2週間
みおりん Study Time」
サンスター文具株式会社

ただし、綿密な計画を立てなくてもやるべきことを終わらせられる場合は、ToDoリストを作るだけでもOKです。

テスト終了直後にやるべきこと

◉ わからなかった問題・迷った問題を確認する

　テストが終わったらすぐに、わからなかった問題や「どうだったっけ……」と迷った問題の答えを教科書などで確認しましょう。

　人間は強い感情の動きがあると記憶が残りやすくなります。テスト中に焦ったり、頭がちぎれそうなほど考えたりしたことは、そのあとも強く記憶されるもの。感情が冷めないうちに、正しい答えを確認して頭に叩き込んでしまいましょう。

◉ 息抜きをする

　受験生でもそうでなくても、毎日ずっと勉強のことだけを考えていては疲れてしまうもの。テスト期間が終わったら、区切りをつける意味でも一度しっかり息抜きをしてくださいね。

テストが返却されたらやるべきこと

◉ 答案と成績表を確認する

　テストが返ってきたら、2つのことをチェックしてください。

　1つ目は、**今回の成績（点数や順位）**です。テスト前に決めた目標と比べ、どの程度達成できたのかを確認しましょう。目標点と実際の点数を表にして記録するのもおすすめです。

2つ目は、**点を落とした箇所**です。答案を確認し、**どこで間違え**
てしまったのか・なぜ間違えてしまったのかを把握するようにして
ください。

◎　間違い直しをする

　間違えてしまった問題は**解き直し**を行いましょう。なかでも、

- **入試までに何度も解き直したい問題**
- **今後も間違えたり混乱したりしそうな事項**
- **一度図解などをして整理したい事項**

は、暗記ノートなどに抽出しておくといいと思います。次のテスト
や模試、入試までに何度も読み返せるようにしておきましょう。

◎　振り返りをする

　最後に、今回のテストへの取り組みについて振り返りをしておき
ます。

- **結果は満足のいくものだったか**
- **満足できたとしたらなにがよかったのか、**
  満足できなかったとしたらなにがよくなかったのか
- **テスト勉強を始めるタイミングはよかったか**

といったことを考え、次回のテストに活かせるようにしましょう。

勉強計画の立て方

◆そもそも勉強計画って必要？

　日々の課題やテスト勉強で、がっつりと計画を立てなくても
やるべきことを終わらせることができているのであれば、普段
はそれでかまいません。

　ですが、大学受験は勉強しなければいけない範囲が広く、や
らなければいけないことも膨大。1年〜数年かけて準備を進め
なくてはならない一大プロジェクトです。

　そんな長期のプロジェクトにおいて、無計画で取り組むのは
本当に危険。わたしは**「勉強計画を制する者が大学受験を制す」**
と思っています。必ず勉強計画を立て、入試当日までにやるべ
きことを確実に終わらせるようにしましょう。

STEP 0：目標を設定する

　受験の勉強計画は3ステップで立てることができるのですが、計
画を立てる前の準備段階で1つやってほしいことがあります。それ
が**「目標を設定する」**ということ。

　まずは**志望する大学・学部学科**（ここではまとめて**「志望校」**と呼び
ます）を決めましょう。まだ受験が遠くて決められないという場合

は、仮でもかまわないので設定してしまいましょう。

その際は、いまの実力でそのまま行けそうなところではなく、ちょっと（あるいはかなり）がんばらないと行けないようなレベルのところを目標にしてください。

志望校が決まったら、**その志望校に合格するために必要な点数**を調べます。

- **受験科目と配点**
- **合格者平均点**（できれば各科目と合計の両方）
- **合格者最低点**（できれば各科目と合計の両方）

を調べ、メモしておきましょう。そしてこれを参考に本番の目標点を決めます。

目標点を決めるときは、

①**基本的には合格者平均点を目指す**（得意な科目はそれ以上、苦手科目はやや低めでもOK）

②**各科目と合計の両方について目標点を決める**

③**なんとなくではなく、過去のデータに基づき現実的な点数を設定する**

ということが重要です。

特に③はしっかり意識するようにしてください。たとえば東大の文系入試では国語の配点が120点なのですが、どんなに国語が得意な人でも100点を超えるということはほとんどありません。

一方、80点満点の数学は、合格者はだいたい40点前後の人が多

く、得意な人は満点やそれに近い点数をとります。こうしたことがわかっていないと、「僕は国語が得意だから110点を目指そう」「わたしは数学が全然できないから20点くらいでいいかな」など、合格を目指す人の得点としては非現実的な目標を設定することになってしまいます。

このようにして、**「志望大学・学部学科」「科目別の目標点」「合計の目標点」を決める**のが計画づくりの前の大切な準備です。

STEP 1：ToDoリストを作る

さあ、いよいよ計画を立てます！

まず必要なのは、志望校合格というゴールのために、**やらなければいけないことの全貌（ぜんぼう）を把握する**ということ。これができないと「なにをすれば合格できるのかわからない」という状態で勉強をつづけることになり、非効率な勉強になるだけでなく、ずっと不安なまま進まなければいけなくなってしまいます。

ここで疑問となるのが、**「やるべきことがなにかというのは、どうやったらわかるの？」**ということですよね。次のような方法で調べてみてください。

- 自分の志望校の合格体験記を読む
- WebサイトやYouTubeなどのSNSで調べる
- 自分の志望校に合格した先輩の話を聞く
- 学校や塾の先生に聞く

特に、志望校の合格体験記はぜひ探して読んでください。**そこに書かれている内容を徹底的に真似すれば、その志望校に入れる可能性が高い**といえるからです。わたしは大学受験のとき、たくさんの合格体験記を読みあさっては「東大に合格した人はこういう参考書を使っていることが多い、こういう勉強法をしている人が多い」と研究していました。

　書籍や冊子の形にまとまっているものがなければ、個人のブログやSNSでもかまいません。なるべく複数の体験記を読んで共通点を見つけ、**いつまでになにをすると受かるものなのか**ということを把握しましょう。

　そしてこれをToDoリストの形に落とし込みます。この時点では、

- **教科・科目**
- **項目**（「文法」「リスニング」「論述対策」など）
- **候補となる参考書**

を箇条書きにする程度でOK。次のようなイメージです。

ToDoリストの例

【東大英語対策のToDoリスト】

●単語
・システム英単語 or 速読英単語 or DUO 3.0
・（余裕があれば）鉄壁

●文法
・英文法・語法のトレーニング1
・スーパー講義英文法・語法正誤問題

●要約
・英文要旨要約問題の解法
・（余裕があれば）英語要旨大意問題演習

●リスニング
・大学入試パーフェクトリスニング
・キムタツの東大英語リスニングBASIC
・難高キムタツの東大英語リスニング
・キムタツの東大英語リスニングSUPER

●長文
・やっておきたい英語長文700
・やっておきたい英語長文1000 or 英語長文問題精講

●過去問・予想問
・東大の英語25ヵ年
・青本

STEP 2：時間を計って試してみる

　次のステップは、**使う参考書を実際に解いてみて時間を計る**ということです。

　これは見落とされがちですが、非常に重要な作業です。というのも、勉強計画を立てるには、**ある「やるべきこと」に対して、それがどの程度の時間のかかるものなのかを知る必要がある**からです。

勉強計画が崩れる最大の原因は「見積もりの甘さ」です。「思ったよりタスクに時間がかかった」「想定よりやる気がつづかず、休憩が多くなってしまった」といったことが積み重なって、大きな計画倒れを起こしてしまうのです。

　当然ですが、たとえば「1日に8時間勉強する」と決めた場合、自分が8時間でなにをどのくらいできるのか知らなかったら、正しい計画を組むことができません。実際には10時間かかるような内容を入れてしまったら、がんばっても8時間以内に終わるはずがありませんよね。
　あるいは8時間ぴったりで終わるような内容を入れてしまったら、途中で休憩したくなったり、思うようにやる気がつづかなかったりした瞬間に計画が崩れてしまいます。

　大きな計画倒れを起こさないためには、**精度の高い見積もり**をする必要があります。
　たとえば世界史の教科書を通読したいと思っている場合、教科書をまずは10ページ読んでみてください。何分かかったでしょうか？

もしかかったのが
10分だったら10÷10＝1で
1ページあたり1分で読める！

もしかかったのが10分だったら、10 ÷ 10 = 1で1ページあたり1分で読めるということになりますね。20分かかったなら、20 ÷ 10 = 2で1ページあたり2分です。

ここでもう1つ考えてほしいのが、**「各タスクについて、何分くらいを1セットとするか」**ということです。

たとえばいまの例で、「世界史の教科書を読むのには10ページあたり20分かかることがわかったけど、一度に20分読むのはかなりしんどいと感じた」という場合は、1セットは「5ページ（所要時間：10分程度）」などとするのがいいでしょう。

もちろんこの期間にこれだけ進めなくてはいけないという目標がある場合はそれも考慮しなければなりませんが、基本的には筋トレと同じで、**「ほどよいボリュームの1セット」**を作ることが大切です。

このように、**一つひとつの「やること」について、だいたいどれくらいの時間がかかるかを計って適切な1セットを作る**のがSTEP 2の作業です。

STEP 3：年間 → 月間 → デイリーの順で 計画に落とし込む

STEP 2までは、いわば「材料集め」。STEP 3ではこれらを使って、

①年間計画

②月間計画

③デイリー計画（またはウィークリー計画）

の順に、いよいよ自分だけの勉強計画を立てていきます。

◯ ①年間計画の立て方

　まずはSTEP 1で集めた材料をもとに、年間の計画を立てましょう。**年間計画は数カ月ごとにアップデートするのが前提なので、内容はかなりざっくりでかまいません。**たとえばわたしの場合だと、「リスニングは夏までに基礎的な参考書を1、2冊やる→夏〜秋に標準レベルの参考書を1冊完璧にする→直前期に本番レベルの参考書を1冊こなす」といったように、科目ごとにおおまかな方針を決めていました。これを各科目についてできればOKです。

◯ ②月間計画の立て方

　年間計画は少々長期すぎるので、本当のキモとなってくるのは**1カ月単位の月間計画**です。

　この月間計画では、各参考書について「その月にどのような方法で何周するのか」ということを決めます。たとえば次のようなイメージです。

> ◆例：世界史の教科書を使って勉強する
>
> ・ どのような方法で：黙読
> ・ その月に何周するのか：半周

　このようにして、各参考書についてその月にこなす内容を決めます。

◯ ③デイリー計画（またはウィークリー計画）の立て方

　最後に、 STEP 2でわかった所要時間のデータをもとに、**1日単**

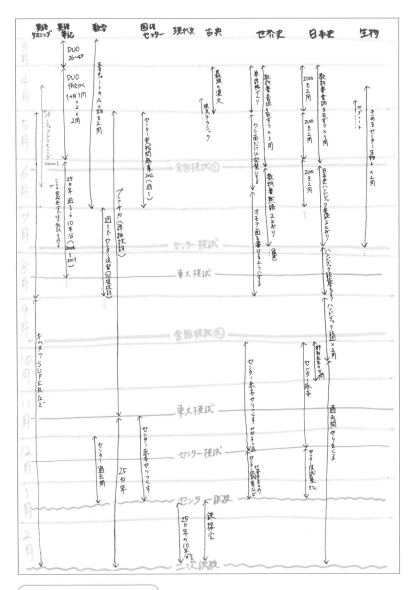

高3の3月、不合格となった直後に立てた第1版の年間計画。この後、数カ月おきに4～5回ほどアップデートを行いました。

位の勉強計画（デイリー計画）を作ります。1日単位だと細かすぎて息が詰まってしまうという人は、1週間単位の計画（ウィークリー計画）でもOKです。要領はどちらも同じなので、ここでは1日単位でご説明しますね。

　先ほどの例で、教科書の黙読にかかる時間が1ページあたり2分、教科書半周分のページ数が200ページだとすると、単純計算で1カ月の教科書の黙読にかかる時間は2分×200ページ＝400分。1セットを20分とする場合は、400分÷20分＝20セット必要ということになります。

　この20セットを適宜割り振っていくのがデイリー計画づくりです。1カ月のなかで合計20日を選び、このタスクを入れ込んでいきましょう。

　このとき気をつけてほしいのが、**「自分が1日に勉強できる時間をあらかじめ把握しておく」**ということ。あれもこれもと詰め込んでしまうと、「1日のタスクの合計が15時間を超えてしまった！」なんてことも。これではとてもこなせそうにありませんよね。

　自分の集中力・体力やその日その日の予定も踏まえ、**勉強に充てられそうな現実的な時間を考えましょう**。そして、たとえば「自分は1日に8時間まで勉強できそうだ（勉強したい）」とあらかじめ考えたら、それにおさまる合計時間でできる勉強計画を組んでください。次のようなイメージです。

> ◆例：1日に8時間勉強できそうな場合
>
> - 英単語：30分
> - 英文読解：1時間30分
> - 数学の復習：2時間
> - 古文読解：1時間
> - 世界史の論述：1時間
> - 日本史の一問一答：30分
>   ▷合計6時間30分

「あれ？　8時間できるのに6時間半だけ？」と思ったかもしれませんが、このように**若干の余裕を作っておく**ことがポイント。

　8時間ぴったりのキツキツの予定を組んでしまうと、どこかで思いのほか時間がかかったというときに、あっという間に計画倒れを起こしてしまいますよね。そうならないために、**1〜2時間ほど余裕をもたせたスケジュールを組む**のがおすすめです。

　ちなみに1日のタイムスケジュールの作り方としては、

- **朝いちの勉強は短時間で終わる作業系のものにする**
  ハードルの低いものでウォーミングアップをし、頭を勉強モードにするため
- **暗記系は寝る前の時間に取り組む**
  眠っているうちに記憶が整理されるため

といったポイントをおさえるのがおすすめです。

また、「週に１日程度の割合で『タスクゼロDAY』を作る」とい
うのもポイントです。わたしは浪人時代、これを徹底したことで計
画倒れを起こさなくなりました。

　一生懸命計画どおりに勉強しようとしても、どうしてもその日の
タスクが終わらず、翌日以降に持ち越しになってしまうことはあり
ます。そんなとき、**タスクがなにも入っていないまっさらな日があ
れば、その日で１週間分の遅れを取り戻すことができる**のです。

　**タスクゼロDAYで取り戻しきれない遅れが発生してしまった場
合は、月末にその遅れを確認し、翌月以降に後ろ倒しするか、優先
度を見直してそのタスクを削るか判断しましょう。**わたしはいつも
毎月末にすべての進捗を確認し、それを踏まえて翌月の１カ月分の
デイリー計画を立てるようにしていました。

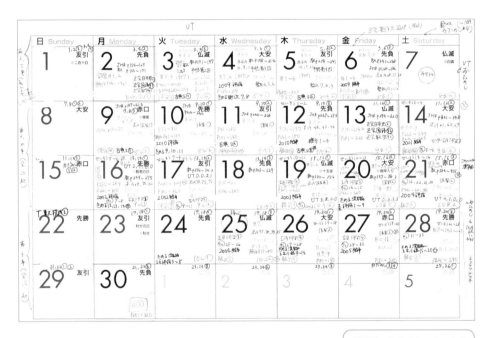

科目別に色分けしてタスクを
書いたデイリー計画。日曜は
「タスクゼロDAY」として、
ほとんどタスクを入れていな
いことがわかります。

勉強記録のつけ方

勉強記録をつける目的とメリット

　受験生かどうかに関わらず、勉強をする人全員におすすめしたいのが **「勉強記録をつける」** ことです。

　わたしの通っていた高校では、毎日朝のホームルームで前日の勉強時間を科目別に書いて提出しなければなりませんでした。最初はこれが面倒くさくて（しかも部活の忙しい時期などは0時間ばかりが並ぶので後ろめたくて……先生に怒られましたし（笑））嫌だったのですが、この仕組みがあったおかげで勉強時間を記録する癖がつきました。

　勉強時間の記録をつけることには、大きく3つのメリットがあるとわたしは考えています。

　1つ目は、**時間に対する意識が高まる** ことです。勉強するときに常にタイマーなどで時間を計るようになるので、「タイマーが動いてる！　いまは勉強する時間なんだ」と感じることができるし、「この時間内にこれをやりきらなきゃ」とメリハリをつけて勉強することができるようになります。

　2つ目は、**がんばりが可視化される** ことです。ただなんとなく勉強をしていると、「やってもやってもやっている気がしない」「自分

はがんばれていない」と感じてしまうことがあります。

　ですが、時間を計って記録していれば、「今日はこんなにがんばった！」ということが明確にわかり、自分を褒めてあげることができるようになります。

　3つ目は、「やった」気になったり科目による偏りが出たりするのを防げることです。ぼんやり勉強していると、実際にはあまり進んでいなくても「今日は勉強したな〜」と思い込んでしまったり、ついつい好きな科目ばかり勉強して苦手な科目を放置してしまったりすることがあります。

　そんなとき、勉強時間をきちんと記録していれば、「意外と今日できてなかったんだな」「今週は英語ばかりに偏ってしまったから、数学もしっかりやらなきゃな」といったことが冷静に振り返れるようになります。

　ただし、勉強は長時間やることが目的ではないし、むしろ短い時間で密度の濃い学習をすることのほうが重要です。あくまで時間の記録は**がんばり度の目安**として、上手に使うようにしてくださいね。

勉強記録のつけ方

　具体的な勉強記録のつけ方を順にご説明します。やり方はとてもシンプルです。

◎　①勉強スタートとともにタイマーをセットする

　タイマーを用意し、**勉強の開始と同時にカウントアップ機能を**

ON にします。スマホにもストップウォッチ機能がありますが、スマホには様々な誘惑があるのでタイマーを使うのがおすすめです。

　最近は学習用途に特化したタイマーがたくさん販売されているので、ぜひお気に入りのものを見つけてみてください。

◯ ②ひと区切りついたらタイマーを止め、時間をメモする

　勉強がひと区切りついたらタイマーを止めます。ひと区切りというのはその日の勉強すべてという意味ではなく、**1つのタスク（英単語をやる、数学の問題集を何問か解くなど）が終わったタイミング**のことをいいます。

　タイマーに表示された時間を確認し、手帳などにメモします。正の字で書いてもいいし、数字で書いても OK です。下の写真のように、科目別に足していくようにしましょう。

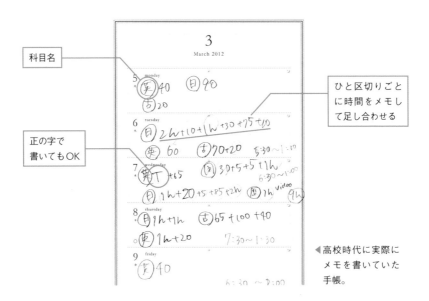

科目名

ひと区切りごとに時間をメモして足し合わせる

正の字で書いてもOK

◀ 高校時代に実際にメモを書いていた手帳。

◉ ③一日の終わりに集計する

　そして一日の終わりに、メモを集計して**「各科目の勉強時間」**
「全科目の合計勉強時間」を出します。下の写真のように1ヵ月分を
まとめることができるとベストです。

　ちょっとしたことですが、これを毎日やっていくことで勉強のメ
リハリが生まれ、モチベーションも高めていくことができますよ。

科目名　　合計

わたしはスケジュール帳の見
開きページに自分で縦線を引
き、科目別と合計の時間を書
き込めるようにしていました。

参考書の活用法

参考書の選び方

◎ 参考書はフィーリングで選ばないで！

参考書は受験勉強、特に独学での受験勉強では最重要の相棒ともいえるもの。みなさんに絶対に守ってほしいのが、**「参考書はフィーリングや見た目だけで選ばない」**ということです。

フィーリングで選んでしまうと、「結局実力がつかなかった」「じつは自分の志望校の対策としては役に立たない内容だった」ということになりかねません。実際わたしは、「なんとなくよさそうだな」という参考書を選んで使った結果、あとから東大対策としては不向きな内容であることがわかって脱力したことがあります。

ここでご紹介する正しい選び方を知って、最短距離で志望校合格を目指せる参考書を使うようにしましょう。

◎ 必要な参考書を定義しよう

参考書選びの前に、まずやってほしいことがあります。

それは、**「いまの自分にはどんな参考書が必要か」を定義する**ということ。たとえば、

- 英語の長文を読むスピードが遅いから、速読力を上げるための問題集を買おう
- 古文の読解で点数をとりこぼしやすいから、背景知識を入れるために古文常識の参考書を買おう
- 教科書だけだと日本史の流れが理解しづらいから、より噛み砕いて説明してくれている読みもの系の参考書を買おう

といったように、目的をはっきりさせることが必要です。受験勉強は常に「志望校合格にはこの力が必要だから、こういう方法でそれを身につけよう」という考え方で進めてください。

◎ ①志望校の合格者が使っていたものを選ぶ

計画の立て方のところでもお話ししましたが、**適切な参考書を見つける最も確実な方法は、自分の志望校の合格体験記をチェックすること**です。書籍でもインターネット上のものでもかまわないので、なるべく多くの合格体験記を確認し、そこで薦められている参考書を購入しましょう。

参考書にはやはり「定番」があります。合格者の多くが使っている参考書をしっかりとやり込めば、自身も同じように合格できる可能性が高くなります。

◎ ②レビューの評価が高いものを選ぶ

合格体験記がいちばん使える情報源ですが、それが見つからなければ**Amazonなどの商品レビューを参考にしてみましょう。**
もちろんすべてを鵜呑みにすることはできませんが、**レビューの**

件数が多く、**評価も高いもの**であれば大きな間違いはないでしょう。もし見つかれば、YouTubeやブログなどのレビューも参考にしてみるといいと思います。

◯ ③最後はフィーリング

ここまでのことを実践し、それでも迷うときがあると思います。受験の参考書はたくさん出ていますし、たとえば同じ英単語帳でも『英単語ターゲット』（旺文社）・『速読英単語』（Z会）・『システム英単語』（駿台文庫）シリーズなど、王道と呼ばれる商品は数知れません。

このように、しっかり調べたうえで最後まで複数候補が残った場合は、書店で**「こっちのほうがごきげんに勉強できそう！」**と思うほうをフィーリングで選んでかまいません。

参考書の基本の使い方

正しい参考書選びができたら、あとはその参考書をフルに活用して勉強したいところ。「せっかく買ったのに使い方がよくわからなかった……」では、参考書代がもったいないですよね。

参考書の使い方のポイントを3つご紹介します。

◯ ①同じ目的の参考書をダブらせない

参考書を使うときに意識してほしいのが**「浮気をしない」**ということです。

「一度に2冊の英単語帳を使う」「漢文のワークAとワークBを同

時併行する」といったことは基本的にNG。これをやってしまうと、どれもつまみ食い状態となり、中途半端なまま実力がつかないということになりかねません。**一度に使う参考書は1目的1冊にしぼってください**（「世界史の一問一答1冊と年号暗記1冊を併用する」のように、目的が異なるものを同時に使うのはかまいません）。

もちろん、「数学の基礎レベルの問題集Aを使う→Aが終わったら応用レベルの問題集Bを使う→Bが終わったら本番レベルの問題集Cを使う」というように、同目的の参考書をレベルに応じて複数冊購入して順に使うのはOKです。

◎ ②まずは目次をチェックする

参考書を買ったらいきなり解くのではなく、はじめに**目次**を確認します。どんなことがどんな順で学べる参考書なのか、何問くらい収録されているのか、といったことをチェックしましょう。また、最初のほうに用意されている**「本書の使い方」**のようなページもぜひよく読んでみてください。

というのは、勉強を計画的に進めるうえで、あらかじめ全体のイメージをもっておくということはとても大切だからです。参考書の全体像を捉え、今後の勉強のイメージをふくらませましょう。

◎ ③〇×濾過勉強法で何度もくり返す

参考書は解きっぱなしにしてどんどん次のものを買うのではなく、一冊一冊を完璧にすることがとにかく大切です。そのためには、**何度も何度も読んだり解いたりすることが必要になります。**

特に、単語や用語を暗記する系の参考書（英単語帳や一問一答集な

ど）では、いかに反復できたかがものを言います。また、1回では
できるようになりづらい数学の応用問題集などもくり返しがとても
大切ですよね。

　参考書の王道の使い方としておすすめなのが「○×濾過勉強法」
とわたしが呼んでいる方法です。まず1周目に参考書の問題をすべ
て解いてみて、解けたものに○、解けなかったものに×、惜しかっ
たものや怪しかったものに△の印をつけます。2周目には×と△の
印のついているものだけを解いていき、また同じように印をつけま
す。
　そして3周目は2周目に×と△の印をつけていたものだけを解
き、また同じように印をつけます。これを4周目以降も同様にして、
×と△の印がなくなるまでやりつづけるという方法です（×や△が
減ってきたタイミングで、それだけ暗記ノートなどに転記するのもOKで
す）。

　この方法でくり返し解いていくと、**「×や△のついた問題＝自分
の苦手」がだんだんと濾過されて減っていき、最後にはほとんどす
べての問題を解けるようになる**というわけです。何周するべきかは
参考書の種類や状況によっても変わりますが、自分の進捗具合と相
談して考えてみてくださいね。

模試の活用法

受ける模試の選び方

　高1〜2の間は学校で申し込まれた模試に参加するという形がほとんどだと思いますが、受験生になると志望校に合わせて自分で模試を選ぶ必要があります。

　受験生が受ける模試の種類は大きく3つに分けられます。

　　①マーク式模試（共通テスト模試）
　　②一般的な記述式模試
　　③大学別模試

　①②は志望校に関係なく受験生全体を対象とした模試。マーク式は共通テストと同様の形式で行われることが多いでしょう。

　③は特定の大学の志望者を対象とした模試。「東大○○模試」「京大○○模試」など具体的な大学名を冠した名称がついている模試は冠模試と呼ばれ、その大学の入試のレベルや傾向・形式を忠実に再現した内容になっています。すべての大学について存在しているわけではありませんが、第一志望の大学の冠模試がある場合は必ず何度か受験するようにしましょう。

　こうした模試を予備校各社が開催しており、受験生はそのなかか

ら適切な模試を選んで適切な頻度で受けることが必要です。一概には言えませんが、難関大受験生なら**平均して月に1回程度の受験頻度**になるようにスケジュールを組むのがいいと思います。

◆受験生の模試プラン（例）

5月〜6月：一般的な記述式の模試1つ

7月〜8月：マーク式模試1つ、大学別模試1〜2つ

9月〜10月：（余力があれば）一般的な記述式の模試1つ

11月：大学別模試1〜2つ

12月：共通テストプレテスト1〜2つ

1月〜2月：（あれば）志望校を対象としたプレテスト

あくまで一例ですので、自分の志望校に合わせて計画を立ててくださいね。

模試の申し込み方法

模試は個人でも申し込むことができます。開催元（予備校など）のWebサイトから、必要事項を記入して申し込みをしましょう。

受験番号や当日の日程は、申し込み後にメールなどで送られてきます。会場は、自宅近くの塾や会議室、大学などが指定されることが多いでしょう（英検や漢検などと同じイメージです）。

当日の服装はなんでもOK。体温調節のしやすいものだといいでしょう。持ち物は送られてくる案内をチェックしてくださいね。

模試の勉強法

　模試の勉強で最も重要なのは、受けたあとの「復習」です。わたしは自宅浪人時代、模試の復習をとにかく徹底したことで、合格に一気に近づくことができたと感じています（逆に高校時代は判定だけを見て一喜一憂し、復習を疎かにした結果、志望校にも落ちてしまいました……）。

　ここでは、模試の復習のやり方について詳しくご説明します。

◎ STEP 1：自己採点をする

　まずは模試を受けたその日のうちに、配られた解答解説冊子を使って必ず**自己採点**をしてください（解答解説冊子が当日に配られなかった場合は、配られ次第すぐに自己採点をします）。

　試験中、問題冊子にはなるべく自分の解答をメモしておきましょう。もちろんその余裕がないことも多いと思いますが、少なくとも記号問題は選んだ選択肢に必ず印をつけておいてください。

　記述問題は正確な採点がしにくいかもしれません。その場合は、解答解説の模範解答を読み、

- 自分の解答でも書いた記憶がある要素→赤ペンでマーク
- 自分の解答では書けなかったと思われる要素→青ペンでマーク

といったように印をつけると、おおよそ何パーセントくらいの要素を解答に盛り込むことができたかがわかります。

◉ STEP 2：解答解説冊子をひととおりすべて読む

わたしが自宅浪人時代にとにかくフル活用したのが、**模試の解答解説冊子**です。

模試の解答解説冊子というのは、みなさんが思っている以上に有用な情報が詰まっています。**まずは受験したすべての科目について、この冊子の端から端まで目を通してください。**このときに行うのが、「**知らなかったことへのアンダーライン引き**」です。

- 初めて知った知識
- 知っていたけど忘れかけていた知識
- 「おもしろいな」と感じた解説
- 「なるほど！」と思った解説

など、気になるところすべてにマーキングをしましょう。

これにより、模試を受けた時点で自分が知らなかったこと・わかっていなかったことを効率よくあぶり出すことができます。

◉ STEP 3：間違いの原因を突き止める

STEP 1〜2を通して、自分の間違えた問題がわかりました。次にすべきは、「**なぜ間違ってしまったのか**」という理由を特定することです。

- **知識不足**（そもそも勉強していなかった）
- **うろ覚え、ど忘れ**
- **単純なケアレスミス**

など、様々な理由が考えられるでしょう。これらを一つひとつ明らかにしてください。

　ここまで終わったら、ようやく復習のスタート地点です。「時間がかかるなぁ……」と思ったかもしれませんが、そう、**模試の復習というのは時間がかかるものなのです**（わたしは浪人時代、模試の復習にいつも丸2日かけていました）。それくらいの価値がある勉強なので、めげずに一緒にがんばりましょう！

◎ STEP 4：教科・科目別に復習する

　間違いの原因が特定できたら、各教科・科目について細かく復習をしていきます。それぞれ具体的な復習方法をご紹介します。

英語・国語の復習法

　英語や国語の問題は、大きく2タイプに分けることができます。

● **暗記タイプの問題**

　英単語・英文法の暗記、漢字・古文単語・古典文法・漢文句形の暗記など

● **非暗記タイプの問題**

　長文読解、リスニング、評論や小説・随筆の読解など

　暗記タイプの問題の復習方法はシンプルです。

```
暗記すべき事項をリストアップする
↓
暗記ノートなどに書いて暗記する
```

これだけ。暗記はノートを使わなくても、自分のやりやすい方法で行えばOKです。

　厄介なのは、同じ問題が二度と出題されない**非暗記タイプ**の問題ですよね。非暗記タイプは、次の2つのことを行うことで効果的な復習をすることができます。

　1つ目は**「テクニックの暗記」**です。
　じつは非暗記タイプの問題にも、暗記によって点数を上げられる要素があります。たとえば英語の要約問題で失点してしまった場合、解答解説冊子を読むと、

● **本文の構造の解説**
● **本文の訳や単語リスト**

といったものが載っていますよね。そして、これとともに、

● **要約問題の解き方のコツ**

といったものも書いてあることが多いのです。**こうしたコツやテクニックは、覚えておくと次の模試や入試本番で活かすことができる貴重な情報です。**わたしはこれらを暗記ノートにまとめ、毎回の模試や入試の試験開始直前に読み返すようにしていました。

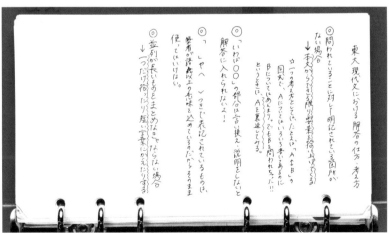

解き方のコツやテクニック、注意点をまとめたメモを、暗記ノートの先頭に綴じていました。

もう1つは、**設問別の対策計画**です。

先ほどのSTEP 3で突き止めた各設問の間違えた理由をもとに、これからどのような参考書を使ってどのように対策するのかを考えます。たとえば英語を例にすると、次のようなイメージです。

- **長文読解で大幅にミスをしてしまった**
  →語彙力不足が原因なら英単語帳をやり込む、読解スピードの遅さが原因なら速読の参考書に挑戦する、など
- **リスニングで失敗してしまった**
  →基礎的なリスニング参考書から取り組む、そもそもの語彙力を増やすために単語帳をやり込む、など
- **要約問題で失点してしまった**
  →要約問題の解法を学べる参考書に取り組む、文を短くまとめる練習をする、など

このように、原因に応じて具体的なアクションを考えてみてください。

◆現国（長文）の復習法

非暗記タイプのなかでも特に復習がしづらい現国の長文（評論・小説・随筆など）は、ここまでご紹介したことに加え、**本文の構造把握**をするようにしましょう。

解答解説冊子を開き、その解説をもとに本文に**ラインマーキング**をしていきます。詳しいマーキング方法は次の4章で解説するので、そちらを参考にしてください。ちなみにわたしは模

試の復習では、**設問ごとに違うカラーのボールペンを使ってマーキング**することで、「設問1はこのあたりの要素、設問2はこのあたりの要素を入れればよかったんだな」ということが視覚的にわかるようにしていました。

数学の復習法

数学の復習では3つのことを行います。

1つ目は**「間違えた問題の解き直し」**です。完答できなかった問題は基本的にすべて解き直してください。歯が立たなかったものは解説を読みながらでもかまいませんが、数日〜数週間後に再度自力で解き直せるとベストです。

2つ目は**「類題を探して解く」**ということです。間違えた問題と同じ分野・単元の問題を探してきて解きましょう。苦手な分野・単元であれば基礎的な類題でOKです。できれば模試復習用のノートなどに貼り付けると、あとから見直しやすくなります。

3つ目は**「テクニックの暗記」**です。英語・国語と同様に、数学にも暗記すべきテクニックが存在します。解答解説冊子を読んでいると、意外とそうしたコツにも言及されていることに気づくでしょう。これらを読み込み、暗記ノートなど今後も見返す場所に転記しておきましょう。

また、数学の難しい問題の場合、**「どうすればその解法を思いつくのか」ということを知る**ことも大切です。わたしは自分で解明で

きない場合は、学校の先生に「どう考えればこのやり方が思い浮かぶんですか！？」と直接聞きに行っていました。詳しくは4章で解説しますので、そちらも参考にしてくださいね。

理科・社会の復習法

　理科と社会はいままでご紹介した方法を組み合わせて復習することが可能です。

- **暗記タイプ**
  →暗記事項を書き出し、くり返し暗記を行う（用語、年号、化学式など）
- **非暗記タイプー計算問題**
  →数学と同じように、解き直し・類題探し・テクニックの暗記を行う
- **非暗記タイプー論述問題**
  →現国と同じように、模範解答の構造把握・解き方のテクニックの暗記を行う

　特に地歴公民などは暗記要素が多くなるでしょう。わたしも、解答解説冊子を読んで知らなかったことにアンダーラインを引くと、ほとんどラインで埋まってしまうということもありました。

　でも、これらをすべて吸収していくと、入試のころには本当に力がつきます。だまされたと思って、ぜひやってみてくださいね。

結果が返却されたらやるべきこと

模試は試験日から1カ月前後で結果が返却されます。

このとき気をつけてほしいのが、**志望校の判定だけに一喜一憂しない**ということです。もちろん判定は高いほうが好ましいし、低ければ気合いを入れ直してがんばる必要がありますが、これらはあくまで「約1カ月前の自分の合格可能性」。すでに過去のことですし、そもそも判定というのは非常にざっくりとしたものです。

成績表や解答用紙が返却されたら判定だけに注目するのではなく、次のようなことを行いましょう。

◎ 自己採点結果と照らし合わせる

復習時にしていた自己採点の点数と実際の点数を見比べ、どこでずれが生じていたかをチェックしてください。「自分ではこの要素を論述に入れたつもりでいたけど、伝わる書き方ができていなかったんだ」といったことがわかるはずです。

記述問題の自己採点は、慣れていくうちにどんどん正確な点数をつけられるようになっていきます。自己採点が正確にできると適切な受験対策がしやすくなるので、模試のたびにぜひしっかり取り組んでみてください。

◎ 間違えた問題をチェックする

失点してしまった問題すべてに目を通し、**なぜ点を落としてしまったのか**を確認します。自己採点のときに復習していなかった問題で

間違えてしまっていたものがあれば、追加で復習を行いましょう。

◎ 大問別や設問別の得点内訳をチェックする

　成績表で特に注目したいのが、**大問別や設問別の得点（や偏差値）**です。「文法知識が必要な問題でたくさん失点している」「2次関数の対策が間に合っていない」といったことがわかり、今後の受験勉強の方針決めに役立ちます。

◎ 振り返りをする

　余裕があれば**今回の模試の振り返り**を行いましょう。わたしは浪人時、駿台と河合の東大模試を夏と秋に受験したのですが、それぞれ「夏の陣」「秋の陣」としてこんな表を作っていました。

⊙東大模試　夏の陣⊙

	国語	数学	世界史	日本史	英語	その他
7/14 代ゼミ東大プレ①						
6,7月模試の反省 (今後に向けて)						
8月の目標点	70	30	40	40	80	260
8/10,11 駿台東大実戦①						
8/17,18 河合東大オープン①						
8月模試の反省 (今後に向けて)						
9月の目標点	70	35	40	45	85	275

このように、模試をお祭りとして楽しめるとベストです。

◉ 記録をつける

　毎回の模試の数値記録をつけておくのもおすすめです。というのも、同じ開催元の模試であれば偏差値や得点の推移が成績表に記載されますが、**違う開催元の模試同士は推移が記録されず、自分の成長を可視化することができない**からです。

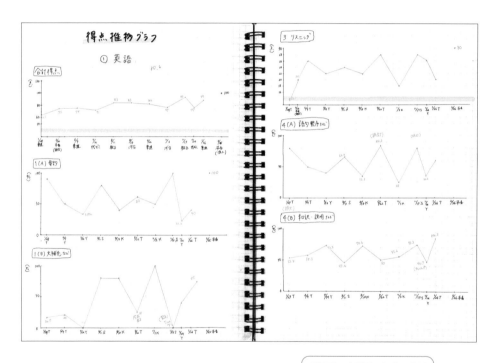

科目別、大問別の得点と合計点をそれぞれグラフ化し、パッと見て得点推移がわかるようにしていました。

わたしは前ページの写真のように、ノートに東大模試の点数記録を
グラフ化していました。科目別と大問別、そして合計点のグラフを描
くことで、全体として自分は順調なのかどうかがわかるようになっ
ています。

　もちろん手書きでなくても、パソコンやスマホアプリで記録する
のでもいいでしょう。自分の進捗がわかりやすくなるので、なにか
しらの方法でぜひ記録をしてもらえたらと思います。

過去問の活用法

過去問はいつから何年分解く？

　受験勉強で必須となる**「過去問演習」**。過去問は実際に出題された問題そのものにチャレンジできる、非常に良質な問題集です。ぜひその効果を最大限発揮できるように取り組みましょう。

　といっても、「いつから何年分解けばいいの？」「あまり早めに取り組んでも解けないのでは……」と迷ってしまいますよね。

◯　いつから始める？

　その人の状況や志望校によってももちろん変わりますが、基本的には、

- 第一志望の過去問……10月ごろから
- 共通テストの過去問……11月ごろから
- 併願校の過去問……12月ごろから

という人が多いようです。

　ちなみに、わたしは浪人時代は次のような時期から過去問演習をスタートさせました（高3時代の勉強は記録が残っていないのと、どちらにせよ後手後手に回ってしまった悪い例なので、ここでは浪人時の経験をご紹介します）。東大は一次試験の点数比率が低いので、二次試験重視の

スケジュールとなっています。

◆みおりんの過去問演習スタート時期

- **東大英語の過去問**
  9月から少しずつ（大問別に）
- **東大数学の過去問**
  7月から簡単な問題だけ解き、11月から本格的に着手
- **東大国語の過去問**
  現国（現代文）は7月から、古典は2月に入ってから（※古典は現役時に過去問をがっつりやっていたため、浪人時はそれ以外の問題を多く解いていました）
- **東大世界史の過去問**
  7月から少しずつ
- **東大日本史の過去問**
  9月から少しずつ
- **センター試験（現・共通テスト）の過去問**
  12月ごろから（科目によっては過去問には取り組んでいなかったり、代わりに予想問題を使っていたりしたものもあります）
- **併願校（早稲田大文学部）の過去問**
  2月に入ってから

　そして、これとは別にぜひやってほしいのが、**「高2の1〜2月ごろ（もしくは高3に上がる直前の春休み）に一度、第一志望の大学と共通テストの過去問を全教科1年分解いておく」**ということです。2章でもお話ししましたが、これをやっておくことで早いうちから志望校の対策の仕方をイメージすることができるようになります。全

然解けなくてかまわないので、本番と同様に時間を計ってチャレンジし、「どのくらい難しいのか」を体感しておきましょう。

◉ 何年分解く？

では、過去問は何年分解けば足りるのでしょうか？

これもその人や志望校によりますが、おおむね次のようなイメージが一般的でしょう。

- 第一志望の過去問……10〜15年分
- 共通テストの過去問……5〜10年分
- 併願校の過去問……3〜8年分

ちなみに、わたしは浪人時にはだいたい次のような感じで過去問を解いていました。

◆みおりんが解いた過去問

- **東大英語の過去問**
  分野別に20年分程度（時間を計ってフルセットで取り組むのは予想問題が多かったです）
- **東大数学の過去問**
  25年分（うち最新の10年分を重点的に）
- **東大国語の過去問**
  現国（現代文）は10年分程度、古典は3年分程度（古典は現役時に10年分をがっつりやり込んでいました）
- **東大世界史の過去問**
  第1問の大論述は10年分余り、第2問の中小論述は10〜20

年分程度、第3問の一問一答は25年分程度
- **東大日本史の過去問**
  30年分程度
- **センター試験**（現・共通テスト）**の過去問**
  科目によりまちまち（予想問題を中心に取り組んだ科目も多かったです）
- **併願校**（早稲田大文学部）**の過去問**
  英語と国語は3年分、世界史は4年分

　重要なのは「何年分解くか」よりも、**「何年分の過去問を『身になるレベルで』やりきれるか」**。たくさん解くだけで満足しないように注意してくださいね。

過去問分析のやり方

「過去問の分析をしろと先生に言われるけど、どうやればいいのかわからない」という受験生の声をよく聞きます。では、具体的にはどのようにすれば過去問分析ができるのでしょうか？

　わたしは、過去問分析には2つの分析があると考えています。それは、

①過去問を解く「前」の分析
志望校の傾向や配点を知るために行う
②過去問を解いた「後」の分析
自分はどの問題でどれだけ得点／失点しているのかを知るために行う

の２つ。一般的には１つ目のほうを「過去問分析」と呼ぶことが多いですが、個人的には２つ目もかなり重要だと思っています。それぞれやり方を解説しますね。

◉ ①過去問を解く前の分析のやり方

まずは次の４つを調べ、紙にまとめておきましょう。書くことで過去問への理解も深まりますし、さらにそれを壁などに貼っておくと意識が高まります。

(1) 受験科目
(2) 共通テストと二次試験・個別試験の配点比率
　　（共通テストを受けない場合は不要）
(3) 各科目の配点
(4) 各科目の問題傾向

（1）〜（3）はインターネットで**「〇〇大学××学部　入試科目」**などと検索すればすぐにわかるので、ここでは（4）の**問題傾向の分析のやり方**について補足しますね。

　問題傾向の分析では、赤本の解説ページや書籍、インターネットなどから次のようなことを徹底的に情報収集しましょう。

● **問題形式**
　「マーク式なのか？　記述式なのか？」「短文記述なのか？　長文論述もあるのか？」「解答欄のサイズ」など

- **大問構成**

  「東大国語は第1問が評論寄りの現国、第2問が古文、第3問が漢文、第4問が随筆寄りの現国」など
- **頻出分野**

  よく出る単元や時代など
- **問題の癖**

  「東大の評論では『〜はなぜか』『〜はどういうことか』しか基本的に問われない」など
- **合格者の、科目別の得点パターン**

  「国語と世界史では差がつきにくいが、残りの英語で合格と不合格が分かれる」など

　受験は本当に情報戦です。勉強計画のところでも少し触れましたが、とにかくしっかりと調べて現実的な対策を考えるようにしてください。

◎ ②過去問を解いた後の分析のやり方

　過去問演習の時期になったら、過去問を解くたびに、とれた得点やその内訳を記録していきます。模試の点数記録と同様に、ノートや紙にまとめておくのがおすすめです。わたしは点数記録シートを自分で作って管理していました。

　各年度の合格者平均点や最低点がわかれば、自分の点数と比較してみるようにしましょう。これを行うことで志望校と自分との距離を常に測ることができます。毎回点数がとれない分野や大問は、そこに特化した問題集を使うなどして補強していけばOKです。

過去問演習をするときのポイント

① 本番と同じ時間で解く

本番どおりの時間を計り、そのなかでどれだけ得点できるかを試してみましょう。

　もし時間内に終わらなければ、時間内に終わったところに印をつけ、時間を延長して納得いくまで解いてみてください。解き終わるまでにかかった延長時間の長さも記録しておきましょう。

　特に、直前期の過去問演習では**時間配分の練習**も重要です。わたしは東大の過去問や予想問題を解くときには、常に大問別にかかった時間を記録し、入試当日の解く順番や各大問にかけられる上限時間を決めていきました。

② 本番の解答用紙を再現する

　マークシート方式の試験ならマークシートを、罫線やマス目のない白紙の解答用紙に解いていく試験なら同じサイズの白紙のノートを……などというように、**本番同様の解答用紙を用意して解きましょう。**

　たとえば共通テストの過去問を解くときに問題用紙の記号を囲むようにして解答していたら、本番では発生するはずのマークシートを塗りつぶす時間を含めることができず、本番で試験時間内に解答が終わらないということにもなりかねません。記述式の対策でも、際限なく書けるノートに解答を書いて過去問演習をしていた場合、

本番の解答欄に答えが入りきらないという可能性もあります。

◎ ③解き終わったらきちんと振り返る

　解き終わったら、丸つけだけして終わりにするのではなく、きちんと振り返りをしましょう。

- 自分はどこで失点したのか
- その失点の原因はなにか
- 失点を防ぐために今日からできることはなにか

といったことをしっかり考えることが合格への一歩です。

4 章

教科別の
お悩み解決勉強法

各教科にはそれぞれの特性や攻略法があります。
受験で高得点をとるためには、
あらかじめこうしたポイントをおさえておくことが
とても大切。
ここでは、5教科の基本の勉強法と、
よくあるお悩みとその答えを詳しく解説します。

英語の必勝勉強法

基本の勉強法

◯ 単語と文法がすべての基本！

　英語の勉強において、すべてのベースとなるのは「単語」と「文法」です。これらの知識がないと、リスニングでも英作文でも長文読解でも点数をとることができなくなってしまいます。

　英単語は、授業で出てきたものをテストまでに確実に覚えていくことに加え、受験勉強用の単語帳を購入してやり込みましょう。単語帳は**一度に使うのは1冊だけ**と決めて取り組んでください。2冊以上を同時に使ってしまうと、覚えることが多すぎてしんどくなってしまったり、重複が発生して非効率になったりしてしまいます。

　日々の単語暗記では、「今日は1番〜40番の単語、明日は21番〜60番の単語を覚えよう」などと、一日の数を決めておくといいでしょう。このように重なり（例では21番〜40番に2日連続ふれることになります）を作ると、より覚えやすくなります。ちなみにわたしは重要な単語・熟語が含まれる例文をまるごと数百個覚えるという方法で勉強していたので、毎日朝いちのタイミングで例文20個の書き取りを行うように習慣づけていました。

英文法は、英単語と同様、授業で習ったものをテストまでにしっかり定着させるようにするのが基本です。問題集を使い、**アウトプットを重視**して学習を進めましょう。授業レベルの文法問題については、フィーリングではなく明確な根拠をもって解答できるようにしてください。

◯　五感を使って勉強しよう

　人間は五感に訴えかけると記憶に残りやすくなるといわれています。

- **目で見る**
- **手で書く**
- **耳で聴く**
- **口（声）に出す**

といったことを、**どれか1つではなく組み合わせて行うことで、より効率的に覚えることができます。**全教科にいえることではあるのですが、英語では特に五感を意識して勉強するのがおすすめです。

普段の予習・復習のやり方

　英語は予習が重要な科目です。次ページの写真のようにノートを見開きで4分割し、「**英文**」「**調べた単語**」「**自分なりの日本語訳**」を書いておきましょう。授業前に**音読**も1回しておくのがベストです。

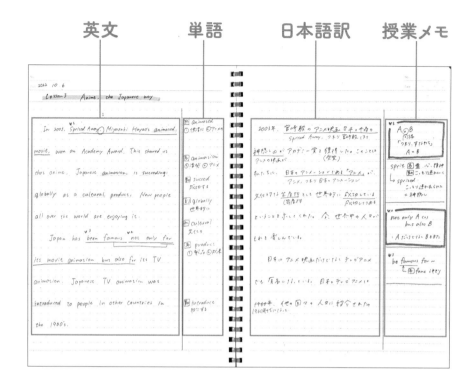

授業中は先生の解説をノートにどんどん書き込んでいきます。日本語訳も、先生の説明を聞いて色ペンで直していきましょう。

授業が終わったら、その日の授業ノートをひととおり読み返し、新出単語を単語カードに書いておくのがおすすめです。

テスト勉強のやり方

　英語のテスト勉強では、次のようなことをすることで高得点を狙うことができます。

- **教科書を音読する**
　①自分で音読してみて、詰まってしまう部分を確認する（1回）
　②読み上げ音声を聴き、発音や抑揚を確認する（2〜3回程度）
　③読み上げ音声と同時に音読する（5回程度）
　④読み上げ音声の読み方を思い出しながら、自分で音読する（10回程度）
- **授業ノートを読み返す**
- **正しい日本語訳を覚える**
- **授業で習った単語・熟語を覚える**（復習時に作っておいた単語カードを使うのも◎）
- **文法の問題集を解く**

　わたしはこのやり方で音読と日本語訳の確認をくり返していたことで、学校のテストでは常に上位に入ることができました。テスト勉強はのちの受験勉強にも活きるので、ぜひがんばってみてください。

英語のお悩みQ&A

Q 英単語が覚えられない

　英単語にはいろいろな覚え方がありますが、ここでは英単語苦手星人（笑）だったわたしがたくさんの単語を覚えられるようになった方法を3つご紹介します。

◉ ①単語カードを使って覚える

　予習・復習とテスト勉強のところでもご紹介しましたが、**単語カードを使った暗記法**はやはり効果的です。

　やり方は単純で、まずカードの片面に覚えたい英単語を、もう片面にその日本語の意味を書きます。そしてはじめは英語の面を上にして、日本語の意味を答えられるかどうかを試していきます。何度かくり返したら、今度は日本語の面を上にして、英語を答えられるかどうかを試していきます。

　覚えたカードはどんどん外していき、**手もとのカードが0枚になるまでこれをくり返せばOK**です。

②語源や語根から覚える

　記憶に残りやすい方法としておすすめなのが、**語源や語根を使って覚える暗記法**です。

　たとえばrejectという単語は「〜を断る・拒絶する」という意味ですが、これは分解すると次のようになります。

re-：再び、元に
-ject：投げる

　つまり、「元に＋投げる」＝「投げ返す」＝「（提案など）を断る・拒絶する」ということですね。このように、**語源や語根を知ると単語のイメージが湧きやすくなり、印象に残って覚えられるようになります。**

　語源・語根に着目した英単語帳を使ってもいいし、覚えづらい単語にぶつかったときに**「（英単語）　語源」**で検索するのもいいでしょう。必ずしもすべての単語に使える技ではありませんが、ぜひ試してみてくださいね。

③例文ごと覚える

　もう1つのおすすめが、覚えたい単語や熟語が入った**例文をまるごと暗記してしまう方法**です。わたしはこの方法で、受験に必要な多くの英単語を覚えることができました。

　例文で覚えるタイプの単語帳はいろいろ出ているので、自分の志望校や好みに合ったものを選んでみましょう。わたしは『DUO 3.0』

（アイシーピー）という単語帳に載っている例文を毎日20個ずつ、**日本語を見て英文を書く**という練習をくり返しました。併せて読み上げ音声も毎日のように聴くようにして、耳からも覚えるようにしていました。

Q 英単語をせっかく覚えても すぐに忘れてしまう

英単語に限らずですが、暗記で重要なのは**いかに「くり返し」ができるか**です。英単語の暗記では、目安として単語帳を最低3周するようにしましょう。3章で紹介した〇×濾過勉強法を使って、2周目以降はそれまでに覚えていなかったものだけ確認すればOKです。

一度覚えてもすぐに忘れてしまう人は、くり返しが足りなかったり、くり返し方が非効率になってしまったりしている可能性があります。わたしのおすすめは**「ペンキ塗り法」**。これは、たとえば次のように重ね塗りをするようにして進めていくやり方です。

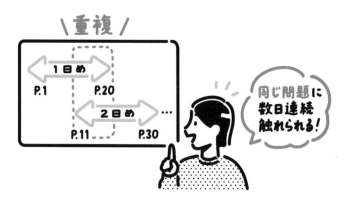

この方法だと同じ単語に数日連続で出会うことができ、記憶が定着しやすくなります。ペンキも一度塗るだけではうっすらとしか色がつきませんが、何度も重ね塗りすることでしっかりと色づけしていくことができますよね。それと同じようなイメージで、少しずつ重ねるようにして暗記を進めていきましょう。

Q 英文法の勉強法がわからない

英文法の勉強では、まずは『総合英語Evergreen』（いいずな書店）のような読みもの系の参考書を使って**概念や文の作り方をインプット**し、次に『Next Stage 英文法・語法問題』（桐原書店）や『英文法・語法 Vintage』（いいずな書店）のような問題集を使って実際に該当箇所の問題を解いて**アウトプット**を行います（問題が豊富に載っている参考書の場合は、別の問題集を用意しなくてもその参考書の問題を解けば大丈夫です）。学校でも、インプット用の文法書とアウトプット用の文法ワークが配られることが多いのではないかと思います。

問題を解いてみて、「あれ？」と思ったところや理解できていなかったところがあれば、またインプット用の参考書に戻って内容を確認してからもう一度解き直してみましょう。このように、**「参考書でインプット（読む）↔問題集でアウトプット（解く）」をくり返し行う**のが基本です。

文法が苦手な人が陥りがちな失敗が、インプットばかりをしてしまってアウトプット不足になることです。**文法はアウトプットが特に重要**なので、意識的に多くの問題に当たるようにしてください。

Q リスニングで点数がとれない。 なにを言っているのかわからない

　リスニングが苦手な人にまずやってほしいのが、じつは**「リーディングの勉強」**です。というのも、リスニング力の前提となるのは、

- 単語・熟語の知識
- 文法・構文の知識
- 英語長文の一般的な構造への慣れ

といった要素だからです。特に**英単語の語彙を増やしておく**ことはとても重要。**そもそも知らない言葉というのは絶対に聴き取ることはできません。**基礎的なものからでいいので、地道に少しずつ覚えていくようにしてくださいね。

　リーディングの基礎力がついたら、**リスニング対策用の参考書を**買って練習しましょう。参考書を使った勉強のステップをご紹介します。

①**問題を解き、採点する**（1回）
　教材の指示どおりに問題を解き、丸つけをして「どこで間違ったのか」「なにを聴き取れなかったのか」を把握する
②**スクリプト**（読み上げられた文章）**を黙読する**（1回）
　先ほど聴き取れなかった部分にはアンダーラインを引いておく
③**読み上げ音声をもう一度聴く**（1回）
　「先ほどアンダーラインを引いたところ（＝自分が聴き取れなかったところ）はどのように発音されていたのか」「読み手が文章を

どこで区切って読んでいるか」に注意して聴く

④**読み上げ音声と同時に音読する**（2〜3回程度）

読み手の文章の区切り方、緩急のつけ方をできる限りマネしながら読む

⑤**読み上げ音声の読み方を思い出しながら、自分で音読する**（2〜3回程度）

文章の区切り方や緩急をできるだけ再現するようにして読む

⑥**シャドーイングをする**（3〜5回程度）

シャドーイングとは、聴いた音声を即座に復唱すること。スクリプトは見ないで、音声を流して少し後を追うようにして復唱する

⑦**徹底的にディクテーションをする**（これ以上聴き取れないところまで）

ディクテーションとは、聞こえてきた音声を書き取ること。読み上げ音声を流して、「どうやってもこれ以上聴き取れない！」というところまで何度も巻き戻しながら書き取り、最後にスクリプトを見て答え合わせをする

リスニング初心者さんの場合は⑤のステップまででも OK。その場合は④と⑤を何度か交互にくり返すと効果的です。

　わたしが個人的に最も効果を感じたのはディクテーションです。最初は本当に時間がかかりますが、慣れてくるとかかる時間も巻き戻す回数も大幅に減っていきます。ちなみにわたしは最後に答え合わせをするとき、スクリプトに書き込む形で、

● **そもそも聴き取れなかった部分**

　→マーカーで塗る

- **違う単語に聞こえてしまった部分**

　→印をつけて、「どう聞こえてしまったのか」を書く

といった感じでチェックを行っていました。これをすると、たとえば "will" と "would" の区別が苦手だったり、音の連なりが聴き取れなかったりといった**自分の癖**が見えてくるため、模試や入試本番で聴き取れなかった部分があっても「もしかしてこう言ったのかな？」と推測できるようになります。

Q 英作文で点数がとれない。どうすれば　パッといい表現が浮かぶのかわからない

　英作文では、前提として**英単語・英文法の知識を蓄えておくこと**と、加えてたくさんの**英文フレーズを頭の中にストックしておくこと**が必要になります。

　英作文はよく「**英借文**」だと言われます。これは、自分で英文を創りだすのではなく、**知っているフレーズを応用することで自然な英作文をすることができる**からです。普段の英語勉強の中でどんどん例文を覚えていくようにしましょう。

　作文を書くときには、小難しい表現を無理に使おうとするのではなく、**なるべく単純な文章に落とし込む**のがポイントです。高度な知識を入れ込んだ解答よりも、シンプルで減点されにくい解答を目指しましょう。

また、間違った文法や不自然な表現などには自分では気づきにくいので、英作文の問題を解いたら**必ず誰かに添削してもらう**ようにしてください。学校や塾の先生にお願いするか、添削に特化したオンラインサービスを利用するというのも方法の一つです。

Q 長文で点数がとれない。
文章を速く読むことができない

長文読解も、基本的には**英単語**と**英文法**を身につけたうえで、さらに**英文解釈**の力が必要になります。

単なる英文解釈や和訳と違うのは、文脈を追いながら長い文章を読まなければならないことです。わたしのおすすめの長文読解勉強法を3つご紹介しますね。

◉ ①パラグラフリーディングを身につける

パラグラフリーディングとは、パラグラフ（段落）ごとに要点をおさえながら読んでいく読み方です。頭から一文一文読み込んでいくのではなく、次のような方法で文章の大枠をつかむようにして読んでいきます。

①**各パラグラフの1文目だけを読み、文章全体のテーマ、流れ、結論をつかむ**
②**冒頭に戻り、パラグラフごとに要点をメモしながら最後まで読む**
③**文章全体の内容を頭のなかで要約する**

これがあると、「なんとなく」ではなく、文の流れを追いながら英文を読み進められるようになりますし、読むスピードも自然と速くなります。『パラグラフリーディングのストラテジー』シリーズ（河合出版）や『ディスコースマーカー英文読解』（Z会）などの参考書を使って身につけるといいでしょう。

◯ ②音読をする

問題を解いた後、本文の音読をするのもおすすめ。付属の読み上げ音声があれば、音声を流しながら一緒に読んでみるのも有効です。音声の読み手の抑揚を真似ることで、文のリズムがわかるようになります。

◯ ③重要表現は単語カードなどにまとめる

長文の解答解説で出てきた重要表現は逐一覚えていくのがおすすめ。ただし、知らなかった単語や熟語すべてに対してそれをやるととても時間がかかってしまうので、重要と書いてあるものや重要そうな感じがしたところだけを抽出してもOKです。

数学の必勝勉強法

基本の勉強法

● 焦らず基礎固めに徹する

数学の勉強で絶対やってはいけないのが、「基礎をすっ飛ばして応用問題や発展問題に手を出す」ということです。

定期テストや入試が近づくと、数学が苦手な人ほど焦って本番レベルの問題に手を出しがち（高3時代のわたしです……）。ですが、基礎の本質的な理解ができていないままに難しい問題を解いて解答を写経しても、本当の実力がつくことはありません。どんなに焦っても、ぐっとこらえて地道に**「基礎→応用→本番レベル」の順序を守る**ようにしてください。

● 公式を覚える

数学の公式は、ゲームでいう武器のようなもの。敵を倒す＝問題を解くために、まずは身につけておかなければなりません。

学校の授業で出てきた公式は、必ずしっかり確認し、次の定期テストまでに使えるようにしておきましょう。

● 解けるようになるまで問題を解く

数学では、学校の授業でも課題でも受験勉強でも、様々な問題に当たることになります。このとき徹底してほしいのが、「それぞれ

の問題に対し、必ず自力で解けるようになるまで何度も挑戦する」ということです。そのためには、間違えてしまった問題の解説は完全に理解できるまで読み込みましょう。

問題を解いて丸つけをし、もし間違っていても解説を読んでなんとなく納得して解答を書き写す、という勉強法をしていると、いつまで経っても自力で解き切る力がつきません。最終的に、入試会場で「こういう感じの問題、見たことはあるけどどうやってやるんだっけ……」となってしまい、結局手も足も出ないという結果に終わってしまいます。

その時々は時間がかかって面倒に感じても、必ず**自分の力で最初から最後まで解けるようになるまで挑戦する癖**をつけてください。

普段の予習・復習のやり方

数学の授業では、右の写真のようにノートを見開きで４分割し、「問題と自分の解答」「解答メモ」「正しい答えと先生の解説」「授業メモ」を書きましょう。予習として問題を解く場合は、授業までに左ページだけ埋めておくようにし、問題を解く際にわからなかったことや迷ったことはメモ欄にきちんと残しておきます。

授業が終わったら、その日の授業ノートをひととおり読み返し、解けなかった問題を家でもう一度解き直すようにしましょう。余裕があれば問題集などを使って類題に取り組むのも効果的です。

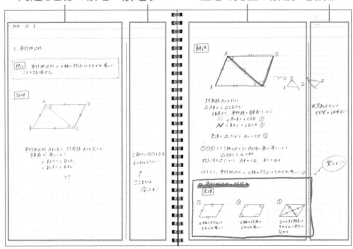

問題と自分の解答　解答メモ　正答と先生の解説　授業メモ

テスト勉強のやり方

数学のテスト勉強では、次のようなことを行います。

- 授業で習った公式を確認し、理解できていないものがあれば教科書を読み直したり基礎問題を解いたりする
- 問題集などを使い、テスト範囲になっている単元の問題を解く（自力で解けるようになるまで挑戦する）
- どうしてそうなるのかわからないところや、自分の解き方が合っているかわからないところがあれば先生に質問しに行く

くり返しになりますが、まずは教科書の例題や基礎レベルの問題から取り組み、それが解けるようになったら応用レベルに挑戦するようにしてくださいね。

英語

数学

国語

理科

社会

数学のお悩みQ&A

Q 公式が覚えられない

　数学の公式を覚えるときには、**公式そのものだけでなく、その公式を導き出す証明もセットで覚える**ようにしてください。

　公式を単なる暗記と捉えてしまうと、なかなか覚えることができません。ですが、「なぜそうなるのか」「どうしてその公式が成り立つのか」という仕組みを理解していれば、自然と腑に落ちて覚えやすくなります。さらに、テストや入試本番でもし細かなところを忘れてしまっていたとしても、証明のやり方がわかっていれば自力で正しい公式を導き出すこともできます。

　授業で公式と一緒に習う証明や理屈にはしっかりと耳を傾け、自分の手を動かして理解するように努めましょう。もし「どういうこと？」となってしまったときは、先生や友だちに積極的に質問してみてくださいね。

Q 公式を覚えても使いこなせない。問題を見てもどの公式を使えばいいかわからない

　このお悩みがある人は、普段から「公式とその出題のされ方をセットで覚える」ということを心がけてみてください。適切な公式を思い出せずに解けなかったときは、その問題の解答解説ページを

開き、**「なぜこの公式を使うのか」**についての**説明**があるかどうかも確認してみてください（なるべく解説の詳しい問題集を使うのがおすすめです）。もしなにかポイントが書いてあれば、その考え方をどこかにメモしておくことで、「こういうときにはこういう理由でこの公式を使う」という知識がストックされていきます。

　解説に書かれていない・解説を読んでもわからないという場合は、先生に質問して解決するようにしてください。質問するときには、「この問題がわかりません」ではなく、「この公式は覚えているのですが、どうすればこの問題を見てこの公式を使うことを思いつくのかがわかりません」というように、**わかっていることとわかっていないことを分けて聞く**ようにしましょう。このように疑問点を明確にすれば、先生も思考のルートをわかりやすく説明してくれるはずです。

Q 基礎はできても応用問題になると解けない

　このお悩みをもっている人は、**「解答解説を読めば知っていることしか書かれていないのに、自分ではその解法を思いつくことができない……」**という人ではないでしょうか？（わたしの高校時代のあるあるでした（涙））

　こうした人は、応用問題の**解説を読みながら「どうやったらこの解法が思い浮かぶのか」ということを考えてみましょう。**自力でわからない場合は、これもまた先生に質問しに行けばOKです。わたしは受験生のとき、数えきれないくらい先生に「この解法、どういう思考をすれば思いつくようになりますか！？」と質問した結果、その

「思いつき方」を教えてもらって自分のものにすることができました。

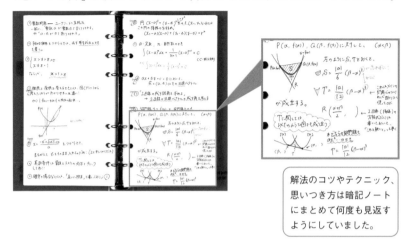

解法のコツやテクニック、思いつき方は暗記ノートにまとめて何度も見返すようにしていました。

Q 計算ミス、ケアレスミスをしてしまう

　計算ミスやケアレスミスは毎回ランダムに犯すものではなく、たとえば「0と6をはっきり書き分けないせいでミスをしやすい」「ルートの処理を間違いやすい」など、じつは**その人その人に癖があります**。わたしはこの**「自分のミスの癖」を知っておく**ことで、全教科のケアレスミスを減らしていくことができました。

　ぜひこれまでの定期テストや模試の解答用紙を引っ張り出してきて、自分がどんなミスをしていたのか確認してみてください。そして**そのミスの癖を、メモ帳でもノートでもいいので書き出してみましょう**。

　今後ケアレスミスをするたびにこのメモにそれを書き加えていき、**テストや模試の直前にメモに目を通す**ようにすることで、「いまから始まるテストでは、こういうミスをしないように気をつけるぞ！」と意識してミスを減らすことができます。

国語の必勝勉強法

基本の勉強法

○ 現国

　才能に左右されると思っている人や、解釈次第で答えが分かれると考えている人も多い現国ですが、実際には非常にロジカルで答えも一義的に決まる科目です。つまり、正しい対策をすれば才能や考え方によらず点数がとれるようになります。

　現国の基本は「メッセージ探し」。筆者が言いたいこと＝メッセージをあの手この手で表現しているのが現国の文章なのです。「どれがメッセージなんだろう？」と考えながら文章を読み進めていくのがポイントです。

　メッセージを見つけるためには、**文章全体の構造や各文章同士の関係性**を把握していく必要があります。この方法については、後ほどお悩みＱ＆Ａのところで詳しくお話ししますね。

○ 古文

　古文の基本となるのは**「古文単語」**と**「古典文法」**です。英語と同様、単語と文法が理解できて初めて読解などの問題が解けるよう

になるということです。

　古文単語は英単語に比べて覚えなければいけない数が圧倒的に少ないので、**授業で出てきた単語を逐一覚えるのと、1冊決めた単語帳を何周もすればOKです**。わたし自身、学校で配られた古文単語帳だけを何周もするようにしていました。

　古典文法は授業で習ったものをしっかり覚えていくようにしましょう。問題集を使って**アウトプット重視**で勉強を進めてください。特に**助動詞**と**敬語**をしっかりと理解しておくと、読解問題が格段に解きやすくなります。

◎ 漢文

　漢文の基本となるのは**「重要句形」**です。句形が理解できていれば、多くの問題は解けるようになります。

　漢文は他の教科・科目と比べても特に**覚えることが少なく、短期間で点数を上げやすいタイパ（コスパ）のいい科目**といわれています。学校の授業で理解ができなかった場合は参考書を1冊購入して、基礎から句形を理解するようにしましょう。英文法や古典文法と同様、**アウトプットを重視して問題をたくさん解く**のがおすすめです。

普段の予習・復習のやり方

○ 現国

　現国の予習は、余裕があればする程度でOK。その際は軽く教科書を黙読し、知らない漢字や言葉をチェックしておくようにしましょう。

　授業では先生の解説をよく聞き、文章の意味や構造を捉えるように努めます。わたしの高校時代の授業は、先生が「この部分はどういう意味か」「このように筆者が述べるのはなぜか」などと問題を出してみんなで考えるという形式だったので、写真のようなイメージのノートを作っていました。

▲オレンジ色のペンは赤シートで隠れやすいので、おすすめです。

　復習も余裕があればでかまいませんが、行う場合は授業ノートをひととおり読み返すようにするといいでしょう。

◉ 古文・漢文

　古文・漢文は予習が重要な科目です。写真のようにノートを見開きで4分割し、「原文」「調べた単語」「自分なりの現代語訳」を書いておきましょう。

原文

単語

現代語訳

授業メモ

　授業中は先生の解説をノートにどんどん書き込んでいきます。現代語訳も、先生の説明を聞いて色ペンで直していきましょう。

　復習として、授業を受けた日にこのノートにもう一度しっかりと目を通しておくと、定着度が上がって後々のテスト勉強が楽になるはず。新しく習った単語や句形を単語カードに書いておくのもおすすめです。

テスト勉強のやり方

◎ 現国

　現国のテスト勉強では、次のようなことをしておけば高得点につなげることができます。

- **教科書の音読・黙読**（2〜3回程度ずつ）
- **授業ノートを読み返し、ノートに書いた問題を解く**（答えを覚えるまで）
- **教科書の本文中に出てきた漢字を練習する**（確実に読める・書ける状態になるまで）

◎ 古文

　古文のテスト勉強では、次のようなことをしておきましょう。

- **教科書の音読**（すらすら読めるようになるまで5〜10回程度）
- **授業ノートを読み返す**
- **正しい現代語訳を覚える**
- **授業で習った古文単語を覚える**（復習時に作っておいた単語カードを使うのも◎）
- **全文を品詞分解できるようにする**

　特に、**「品詞分解が自力でできるかどうか」は文法理解ができているかどうかの判断基準になります。**全文を品詞分解できれば、テストで聞かれる文法問題にはほぼ100％対応できるでしょう。分解

できないところ（意味や活用形がわからないところ）はテスト前までに先生に質問しに行くのがおすすめです。

◎ 漢文

漢文のテスト勉強では、次のようなことを行います。

- **教科書の音読と書き下しの練習をする**
  ①訓読文を書き下し文にする練習をする（完璧にできるまで何度でも）
  ②書き下し文を音読する（5回程度）
  ③白文に訓点を振り、訓読文にする練習をする（完璧にできるまで何度でも）
  ④訓読文を見て、心のなかで書き下しながら音読する（5〜10回程度）
  ⑤白文を見て、心のなかで書き下しながら音読する（5〜10回程度）
- **授業ノートを読み返す**
- **正しい現代語訳を覚える**
- **授業で習った重要句形を覚える**（復習時に作っておいた単語カードを使うのも◎）

特に、音読と書き下しの練習はこの流れでやっておけば必ず高得点につなげることができます。書き込みのない訓読文や白文を用意するのは少し面倒かもしれませんが、ぜひやってみてください。

国語のお悩みQ&A

Q 現国の解き方がわからない。つい感覚で解いてしまう

「基本の勉強法」のところでお話ししたように、現国の問題を解くには**文章全体の構造や各文章同士の関係性を把握していく**ことが重要です。たとえば、「〜はどういうことか」という問題ならその部分の言い換えや具体的な説明を、「〜はなぜか」という問題なら、その部分の根拠や証拠として提示されている内容を探していけば解答を作ることができます。

そのための方法としておすすめなのが、**本文にラインマーキングをしながら問題を解いていく**こと。線を引くことで、「ここに何が書いてある」「こことここはどういうつながりの文章である」ということを可視化することができ、問題を解くときに要素を拾いやすくなるのです。わたしは次のようなことを心がけてマーキングをしていました。

- **大事そうなところに傍線を引く**
  重要そうな「におい」のするところにラインを引く（これは訓練が必要なので、毎回の復習で身につけていきましょう）
- **言い換え表現に「＝」をつける**
  「つまり」「すなわち」「換言すれば」などの接続詞に注目する

- **逆接・対立関係に「↔」をつける**

  「しかし」「反対に」「逆に」などの接続詞に注目する

- **順接・因果関係に「→」をつける**

  「だから」「それゆえ」「結果的に」などの接続詞に注目する

- **例示や比喩は（　）で括る**

  「たとえば」などの接続詞に注目する。例示や比喩は記述の解答には基本的に不要なので、（）で大きく括ってしまってOK

「どことどこが対立とか、自分で判断できない！」という人は、問題集や模試の問題を解いた後に、解答解説を読みながら本文にラインマーキングをしてみましょう。解答解説には本文の構成の解説が載っているはずなので、それを参考に書き込みをしてみてくださいね。

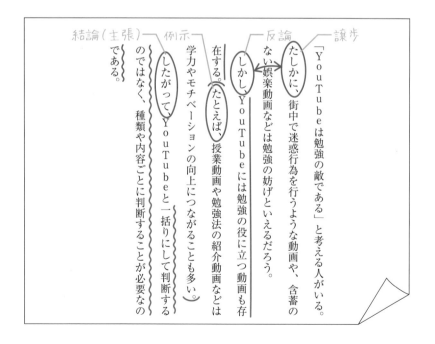

Q 古文単語が覚えられない

教科書で出てきた単語に関しては、先ほどご紹介した方法でテスト勉強をしていけば、音読と現代語訳の確認によって自然と覚えられるかと思います。

問題は、**受験に向けて自分で覚えなければいけない古文単語**ですよね。いろいろな覚え方があると思いますが、わたしのおすすめは次の4つです。

◎ ①例文から覚える

実際にその単語が使われている文章とセットで覚える方法です。単語帳に載っている場合も多いと思うので、その文章ごと覚えてしまうようにしましょう。

もし単語帳に例文が載っていない場合や、載っていてもなんだかしっくりこないという場合は、古語辞典を使ったりインターネットで検索したりして例文を探すのがおすすめです。

◎ ②漢字表記をチェックする

ひらがなで見るとぴんとこない古文単語も、漢字をあててしまえば「あ、そういうことか」と納得できることがよくあります。

たとえば「おとなし」というひらがな表記を見ると、「音なし？静かってこと？」と思ってしまうかもしれませんよね。ですが、漢字表記が「大人し」であることがわかると、この単語がもつ「大人っぽい」「思慮分別がある」という意味が腑に落ちるかと思います。

古語辞典やインターネット検索を使い、覚えたい単語の漢字表記を確認するようにしましょう。

③語呂で覚える

　語呂合わせも、古文単語の王道の暗記法の一つです。

　たとえば「おきつ＝あらかじめ決めておく」という単語を覚えるために、「興津くんがあらかじめ決めておく」のような**語呂を考え、それをくり返し声に出して覚えます。**古文単語の語呂合わせに特化した参考書やWebサイトもいろいろあるので、そうしたものを活用してみるのもおすすめです。

④日常会話に取り入れる

　古文単語が覚えづらいのは、普段なじみのない言葉だからというのもありますよね。逆にいえば、**普段からよく使ってしまえば自然と覚えやすくなる**はずです。

　わたしは高校時代、よく友だちとふざけて「それはわろし（よくない）！」「あの子はおいらかだよね（おっとりしているよね）」などと日常会話で古語を使っていました。相手が知らない単語を使ってきたときには「それどういう意味？」と聞くことができるし、机に向かわなくても気軽に覚えられるのでおすすめの方法です。

Q 古典文法の勉強法がわからない

　古典文法の勉強は、英文法と同様、**「インプットとアウトプットの往復」が基本**です。まずは読みもの系の参考書を使ってインプッ

トをし、次に問題集を使って実際に問題を解いてアウトプットを行います（問題が豊富に載っている参考書の場合は、別の問題集を用意しなくてもその参考書の問題を解けば大丈夫です）。わたしは大学受験対策としては、学校の授業と学校で配られた文法書でインプットを行い、アウトプットは入門編の問題集から始めて徐々にレベルを上げていきました。

　問題を解いてみてわからなかったところがあれば、すぐにインプット用の参考書や古語辞典などで確認をし、もう一度解き直します。英文法と同様、このように「参考書でインプット（読む）↔問題集でアウトプット（解く）」をくり返すことをベースとし、**アウトプットを多めにする**よう意識して取り組みましょう。

Q 漢文句形の勉強法がわからない

　漢文の句形の勉強も、古典文法や英文法と同じ要領で行えばOKです。インプット用の参考書と、アウトプット用の問題集を用意してください。インプット用の参考書は学校で配られるものでもかまいませんが、もしわかりづらいと感じる場合は市販の読みやすい参考書を買ってみるのもおすすめです。

　わたしは漢文も古文と同様、学校の授業と学校で配られたテキストでインプットを行い、アウトプットは入門編の問題集から始めて徐々にレベルを上げていくようにしました。

理科の必勝勉強法

基本の勉強法

◎ 「覚える→解く→まとめる」の順を厳守しよう

理科科目の学習には3つのステップがあります。

STEP 1は「覚える」こと。授業やインプット系の参考書を使い、用語や公式などの知識を入れていきます。

STEP 2は「解く」こと。STEP 1で覚えた知識を使い、問題を解くことでアウトプットをしていきます。

STEP 3は「まとめる」こと。STEP 2までで、どうしても理解できなかったこと、何度も間違えてしまうことについては、最終手段としてノートにまとめます。まとめたノートはテストや入試まで何度も読み返しましょう。

気をつけてほしいのが、**なんでもかんでもノートにまとめるべきではない**ということ。ノートまとめは効果的な勉強法の一つではありますが時間がかかってしまうので、基本的にはテキストを読んだり問題を解いたりするなかで覚えるように意識してくださいね。

○ 多くの問題に当たろう

　理科は計算や思考要素のある問題も多く、用語の暗記だけではなかなか高得点をとることができません。数学と同様、実際に多くの問題に取り組むことで理解を深め、得点力を上げていきましょう。

普段の予習・復習のやり方

　理科は授業をしっかり聞いて復習することのほうが大切な教科なので、予習は余裕があればでかまいません。予習をする場合は、ざっと教科書を眺（なが）めるか、教科書より読みやすい参考書（易しい言葉で噛み砕いて説明してくれる読みもの系の参考書）で該当箇所を読んでおくのがいいでしょう。

　授業中は、**「あとで読み返したときに授業の光景が思い出せるノート」を目指して、ちょっとしたことでもたくさんメモをとる**ようにしてください。理科はビジュアルで覚えることが効果的なので、図やイラストも適宜入れられるといいでしょう。

　授業が穴埋めプリントを中心として行われる場合は、穴埋め部分の用語をオレンジ色のペンで書いて、赤シートで隠して覚えられる暗記ノート形式にしてしまうのもおすすめです。また、授業中に参照した資料集などのページ番号は、テスト勉強の際に確認できるように必ずメモしておきましょう。

　復習としては、授業ノートをぱらぱらと読み返し、余裕があれば参考書を読んで授業範囲をおさらいするのが効果的です。

テスト勉強のやり方

　理科のテスト勉強では、次のようなことを行いましょう。

- **授業ノートやプリント、教科書を読み返して流れをおさらいする**
- **該当範囲の問題を解く**（自力で解けるようになるまで解き直す。もしわからない場合は先生や友だちに質問して解決する）
- **どうしてもわからないところは、まとめノートなどに書いて覚える**

　用語が覚えられないときは一問一答などを使うのもおすすめです。

理科のお悩みQ&A

Q 公式が覚えられない

　理科の公式を覚えるときには数学と同様、**公式そのものだけでなく、その公式を導き出す証明もセットで覚えるようにする**のがポイントです。

　導き方を覚えれば、「なぜそうなるのか」「どうしてその公式が成り立つのか」という仕組みまで理解することができ、丸暗記ではない覚え方をすることができます。テストや入試本番でもし細かなところを忘れてしまっても、証明のやり方がわかっていれば自力で正しい公式を導き出すことも可能です。

　また、**授業で公式を習ったら、すぐにその公式を使って問題を解くようにしましょう。**実際の問題に当たって手を動かすことで、公式の意味の理解が深まり、公式そのものも覚えられるようになります。

Q 公式の意味が理解できない

　物理など、アルファベットと数字の組み合わせで示される公式ってなにがなんだかわからなくなりますよね。ですが当然ながら、意味がわからないまま公式を丸暗記しても本当の実力はつきません

し、実戦問題でそれらを使いこなすこともできません。

　こういう場合は、公式を一度**日本語に読み替えてみる**といいでしょう。アルファベットや数字を、それらが指し示す言葉に置き換えてみるのです。たとえば等速直線運動の速度を表す公式「$v = x/t$」は、「速度＝位置／時間」と直すと理解しやすくなりますよね。

　どうしても理解できない公式は教科書や参考書、インターネットを使って調べたり、先生や友だちに質問したりしてみましょう。

Q 化学反応式が覚えられない

高校化学で登場する化学反応式には、次の2通りがあります。

A：基本的な反応式の組み合わせや法則から自分で導く化学反応式
B：丸ごと暗記したほうが早い・暗記するしかない化学反応式

　Aのタイプの反応式は、基本的な要素を暗記し、それを踏まえて自分で導き出せるように練習をします。そのためには、普段から反応の原理と反応式の様々な導き方を覚えていくことが大切です。

　一方、Bのタイプの反応式は割り切って、手で何度も書いたり語呂合わせを使ったりして暗記してしまうようにしましょう。

Q 用語が覚えられない

理科の用語は次のような方法で覚えるのがおすすめです。

①授業ノートや授業プリントを使って覚える

授業中にノートをとるときに用語部分をオレンジ色のペンで書いておけば、あとで赤シートで隠して用語を覚えることができます（プリント中心の授業の場合は、穴埋め部分をオレンジ色のペンで書きます）。

復習やテスト勉強、受験勉強のときに、このノートを赤シートで隠して用語を確認しながら何度も読み返すことで、必要な用語の知識が身につきます。

②なかなか覚えられないところだけ暗記ノートに抽出する

ノートやプリントを何度か読んでも、なかなか頭に入ってこない内容もあると思います。そんなときは、**覚えられないところだけを抽出して暗記ノートに書く**ようにしましょう。わたしは大学受験のとき、混乱してしまうところや模試で間違えたところだけを書いた暗記ノートを用意し、受験当日まで何度も読み返して穴を埋めるようにしていきました。

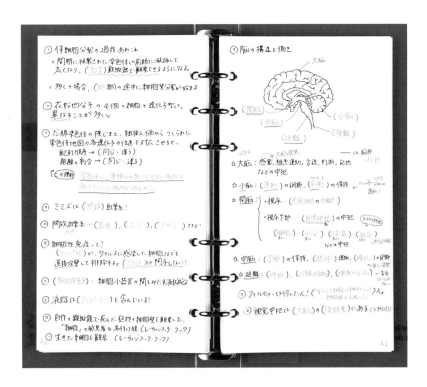

◎ ③全体的に用語をカバーしたい場合は一問一答を使う

　授業ノートでは覚えられない場合や、授業を受けておらず独学しなければならないという場合は、**市販の一問一答を活用する**のもおすすめです。一問一答を使うときは○×濾過勉強法を使い、間違えてしまったものには×、惜しかったものや、ど忘れしてしまったものには△などの印をつけて、印がなくなるまで何周もするようにしてくださいね。

社会の必勝勉強法

基本の勉強法

● 用語を覚えるのがすべての基本

社会の勉強でベースとなるのは**「用語」**です。これを理解していないと、用語そのものを答える問題も論述問題も解くことができません。

一問一答などを使い、必要な用語をしっかりとおさえていくようにしてください。最初はテキストで太字になっていたり重要マークがついていたりする最重要語だけを、余裕が出てきたらそれ以外の用語も覚えるようにしていきましょう。

● 用語同士のつながりを覚えよう

用語とその意味を覚えたら、今度は用語同士のつながりをおさえる必要があります。たとえば、

- 「日清戦争」が日本と中国（清）の間で起きた戦争であること
- 「三国干渉」がロシア・フランス・ドイツが日本に対して行った勧告であること
- 「日露戦争」が日本とロシアの間で起きた戦争であること

というそれぞれの用語の内容を覚えたら、今度は、

- **日清戦争**に勝利した日本に対して、ロシア・フランス・ドイツは戦争で中国から手に入れた遼東半島を返還するよう求め（＝**三国干渉**）、これを主導したロシアへの日本の恨みが**日露戦争**の要因となった

　という用語同士のつながりを理解することで、流れを問う問題や論述問題にも対応できるようになっていくというイメージです。

普段の予習・復習のやり方

　社会もどちらかというと復習のほうが重要なので、予習は余裕があればでOKです。理科と同様、予習をする場合はざっと教科書を眺めるか、教科書より読みやすい参考書（易しい言葉で噛み砕いて説明してくれる読みもの系の参考書）で該当箇所を読んでおくのがいいでしょう。

　社会はとにかく**「印象づけ」**がカギとなる教科です。「五賢帝（ごけんてい）ってほんとに賢かったのかなぁ」「デカメロンっておいしそうだけど物語集の名前なんだ……」など、**そのとき思ったことは積極的にメモしておきましょう**。わたしは先生のおやじギャグ（？）までこまめにメモするようにしていました。こうした印象がつくと、そのイメージをとっかかりとして用語や流れを覚えやすくなるのです。

　授業が穴埋めプリントを中心として行われる場合は、穴埋め部分

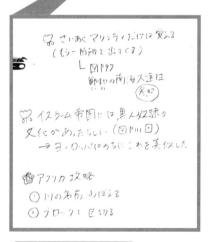

ちょっとした知識までメモし
ていた世界史の授業ノート。
参照したテキストのページ
番号も添えています。

英語

数学

国語

理科

社会

の用語をオレンジ色のペンで書いて、赤シートで隠して覚えられる暗記ノート形式にしてしまうのもおすすめです。また、授業中に参照した資料集などのページ番号は、テスト勉強の際に確認できるように必ずメモしておきましょう。

　復習としては、授業ノートを読み返し、余裕があれば参考書を読んで授業範囲をおさらいしたり、一問一答で用語を確認したりするのが効果的です。

テスト勉強のやり方

　社会のテスト勉強では、次のようなことを行いましょう。

- 授業ノートやプリント、教科書を読み返して流れをおさらいする
- 一問一答や問題集を解く
- どうしてもわからないところは、まとめノートなどに書いて覚える

　インプットも大切ですが、しっかり理解したかを確かめるためにアウトプットにも時間を割くようにしてくださいね。

社会のお悩みQ&A

Q 用語、特にカタカナの用語が覚えられない

　社会は覚えなければならない用語が膨大になりがち。用語暗記の方法やポイントをいくつかご紹介します。

①授業ノートや授業プリントを使って覚える

　理科と同様、まずはなるべく授業を通して用語を覚えることを目指しましょう。授業ノートや授業プリントで、用語部分はオレンジ色のペンで書いておき、あとで赤シートで隠せるようにしておくのもいいでしょう。

②受験対策には一問一答を使う

　学校のテストレベルであれば授業ノート・プリントだけでも対応できますが、大学受験で必要な科目については**専用の一問一答を1冊用意して取り組む**のがおすすめです。一問一答を使う場合は、間違えてしまったものには×、惜しかったものやど忘れしてしまったものには△などの印をつけて、印がなくなるまで何周もする○×濾過勉強法を実践するといいでしょう。

③なかなか覚えられないところだけ暗記ノートに抽出する

　ノートやプリントを何度か読んでも、なかなか頭に入ってこない内容もあると思います。そんなときは理科と同様、**覚えられないと**

ころだけを抽出して暗記ノートに書くようにしましょう。わたしは大学受験のとき、混乱してしまうところや模試で間違えたところだけを書いた暗記ノートを用意し、受験当日まで何度も読み返して穴を埋めるようにしていきました。

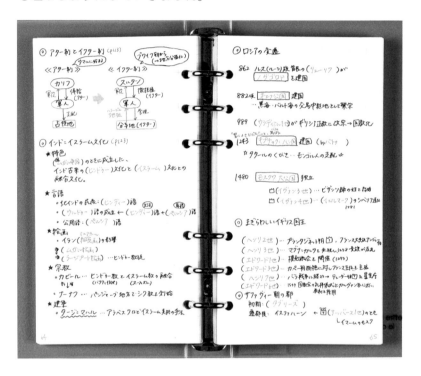

● ④カタカナの用語は声に出して覚える

カタカナばかりの用語って、目で見ているだけだとなかなか頭に入ってきませんよね。

こうした用語は、**その音が耳なじみのあるものになるまで何度も声に出す**と覚えやすくなります。「マルクス＝アウレリウス＝アン

トニヌス、マルクス＝アウレリウス＝アントニヌス、マルクス＝アウレリウス＝アントニヌス……」などと、くり返しくり返し発音するようにしてください。

⑤漢字の用語は声に出しながら手で書いて覚える

中国史の用語など、普段なじみのない難しい漢字で構成された用語は、国語の漢字練習と同じように手で書いて覚えるのが効果的です。

このとき、ただ黙って書き取り練習のようにするのではなく、**読み方を声に出しながら書く**ようにしてください。こうすることで、用語の読みと表記が頭のなかでしっかり結びつき、記憶に残りやすくなります。

⑥アルファベットの略語は略されている言葉を確認する

英語の頭文字が並んだ略語は、**その略されている言葉を英語と日本語の両方で確認する**ことによって覚えましょう。

たとえば「WTO」という用語なら、その3文字だけを機械的に覚えるのではなく、「World Trade Organization」という英語と、それを訳した「世界貿易機関」という日本語の両方を一緒に覚えます。

Q 用語を覚えても、その説明ができない

ここまでご紹介した方法で用語を覚えたら、今度はその用語の説明ができるようにならないと記述問題などに対応ができません。用語の説明ができるようにするために手っ取り早い方法としては、

「『逆』一問一答」がおすすめです。

一問一答は普通、説明文（問題文）を読んで用語を答えますよね。これを逆にして、**用語を見て説明文を答えられるように練習する**のです。テキストに書いてある文章そのままでなくてもかまわないので、キーワードをおさえて説明できるようになるまでくり返してみてください。

Q 国名や都市名とその場所が覚えられない

国名・都市名とその場所を覚えるためには、**地図を頭のなかに入れ、ビジュアル的に記憶する**のが効果的です。世界地図の白地図や覚えたいエリアの**白地図を用意し、名称を自分の手で書き込みましょう**。赤シート暗記法が合っている人は、名称をオレンジ色のペンで書いて隠して覚えるのもおすすめです。

Q 歴史の流れが覚えられない。出来事を起こった順に並べることができない

歴史の流れ・出来事の順番の覚え方には、主に2通りの方法があります。

1つは、**ストーリーを覚える方法**です。「Aという事件が起きたからBという事件が発生し、Cという結果につながった」というように、因果関係を追っていきます。こうした歴史のストーリーを知るためには、

- 読みもの系の参考書を読む
- 歴史漫画を読む
- 歴史ドラマなどを活用する

といったことがおすすめです。

　ストーリーから覚える方法は、**内容が覚えやすく、論述問題にも対応できるようになる**のがメリット。一方で、必ずしもストーリーを覚えやすいものばかりではないこと、あまり因果関係のない出来事同士の前後関係が覚えづらい（「Xの地域で○○が起きていたころ、Yの地域では××が起きていた」というようなことがわからなくなる）ことはデメリットといえます。

　もう1つは、**あらゆる出来事を年号で覚えてしまう方法**です。わたしは世界史の年号を800個くらい暗記したことで、並べ替え問題ではほとんど困らなくなりました。ストーリー暗記に比べてパワーが必要ですが、**ある出来事と同時期に別の地域で起こっていた出来事を聞かれたときにも、機械的に対応することができて便利です。**
　年号は**語呂合わせ**で覚えてしまうのがいちばん簡単。シンプルですが、次のようなステップでたくさんの語呂を覚えるのがいいでしょう。

　①年号暗記用の参考書を用意する
　②何度もくり返し読む
　③模試などで出てきた年号を追加で書き込む
　④何度もくり返し読む

不合格がわかった日に
わたしが思ったこと、やったこと

　2013年3月10日。合格発表を見に、わたしは両親と一緒に東大の本郷キャンパスに行きました。

　わたしは地方に住んでいて、オンラインでも発表を見ることはできたし、郵送の発表通知を待ってもよかったのですが、どうしても自分の目で掲示板を見たくて。受かっている自信はまったくなかったけれど、わたしは東大以外の大学を受験していなかったので落ちたら浪人と決めていて、それならこの目でちゃんと見ておかないと、次の年に活かせないだろうと思ったんです。

　少し早めにキャンパスに着き、ベンチのようなところで両親と発表を待ちました。周りにも発表を待つ受験生の人たちがたくさんいました。

　やがて定刻が来て、合格者の受験番号が書かれた掲示板が公開されました。受験した文科三類の掲示板のところまで歩き、自分の番号を探しました。

　それはどこにもありませんでした。

　最初に思ったのは、親に申し訳ない、ということでした。わたしの両親は自身が大学に行っていないこともあり受験についての知識があまりなかったのですが、だからこそ、わたしの東大進学という目標を疑わずにまっすぐ応援してくれていました。きっと合格したら喜ばせることができただろうに、応援の気持ちに応えられなくて不甲斐ない、という思いでいっぱいでした。

それと同時に、「**筋の通らない奇跡ってやっぱり起きないんだな**」とも実感しました。合格している自信は全然なかった一方で、わたしは心の奥のどこかで、「でも、なんとかなるんじゃないか」とたかをくくっていたように思います。それは、これまでの人生において、ここぞという場面ではなんだかんだいつも希望する道に進むことができていたからです。

　でも、そのときは初めて、希望がはじかれたような格好になりました。わたしは合格に足る勉強を自分ができていなかったことはよくわかっていたので、「やっぱりちゃんとしかるべき努力をしないと、奇跡的なことは起きないんだ」と痛感しました。

　そしてもう1つ、そのときのわたしには落ち込みの種がありました。「どちらかが落ちたら別れる」という約束で励まし合いながら一緒に東大受験の勉強をしていた、同級生の彼氏の存在です（ちなみに、もともと志望校を東大にしたことに関しては彼は関係ありません）。

　彼もその日合格発表を見に来ていて、発表直後にキャンパス内で会いました。「どうだった？」と聞かれたので、わたしは「ごめんね」と言って彼の手をちょっとだけ握って。彼は受かったと言ったので、わたしはおめでとうと言いました。

　両親と一緒に帰りの電車に揺られながら、お祝いとお別れの言葉をメールで送りました。その後、結局このタイミングでは別れないことになったのですが、この日の時点ではもうお別れなんだろうなと思って落ち込んでしまいました。

　実家に帰り着き、自分の部屋でずっと泣きながら悶々としていました。努力が足りなかったこと、上京や一人暮らしという幼いころ

からの夢が叶わなかったこと、好きな人とお別れしなければならないこと……いろいろな不甲斐なさと不安でいっぱいでした。

　だけど一方で、どこか冷静な自分もいました。そりゃ落ちるよねえ、だって本当に勉強間に合わなかったもん、あれで東大に合格したらおかしいよ……という感じ。**「シンプルにわたし、合格に必要な勉強が試験日までに終わらなかったなぁ」**と思ったんです。

　浪人することは決まっていたので、もう来年に向けて動きだそう、と思いました。そして**その翌日くらいまでには、次の１年間の勉強計画をさっさと立ててしまいました。**

　わたしは落ち込みやすい性格だし、その後もしばらくしんどい気持ちは引きずっていましたが、落ち込みよりも「次は絶対に負ける気はない」という負けず嫌いのほうが勝ってしまい、結果的にかなりハイスピードで新しい一歩を踏み出すことができました。

　もともと「いちばん難しそうな大学だから」という理由で東大を志望していたのですが、一度落ちてしまったことで、「これは本当に難しそうだぞ、おもしろい！」という気持ちになったのだと思います。

　この直後の点数開示で、わたしは合格者最低点よりはるかに低い点数しかとれていなかったことがわかりました。そこから１年間の独学で合格することができたのは、まさに**「逆転合格」**だったと思います。そしてそれを可能にしたのは、日々の勉強の工夫はもちろんですが、いちばんは**「絶対に次は負けないし、絶対に東大生になる」**という執念だったと思っています。

5 章

最強のモチベアップ・メンタル術

勉強をしていると、
どうしてもモチベーションが上がらなかったり、
もう無理なのではないかとあきらめたくなってしまったり
することがあります。わたしもそうでした。
この章では、ごきげんな受験生生活を
送るために役立つ、モチベーションアップのコツや
メンタルコントロール術をご紹介します。

ごきげんな受験生時代を送った
わたしがやっていたこと

受験生というと「つらい」「しんどい」というイメージで語られることが多いと思いますし、わたしもつらいことはいくつかありました。ですが、全体的には楽しくごきげんに受験生生活を過ごすことができ、いまでも「あれは本当にいい1年だったなぁ」と思っています。

そんなごきげんな受験生生活を過ごしたわたしがやっていたことをいくつかご紹介します。

毎日外に出る

朝から晩まで家にこもって受験勉強をしていては、誰でも気が滅入ってしまいます。わたしは意識的に毎日外に出るようにしていました。

宅浪のときは、家の裏のサイクリングロードを母と毎朝30分前後ウォーキングしていました。運動の機会が減って「あいつ浪人して激太りしたよな」と言われたくなかったというのが理由なのですが（笑）、結果的には運動不足の解消だけでなく、気分転換や生活リズム作りにもつながったのでとてもよかったです。

勉強場所を複数もつ

勉強する場所は自宅以外にもたくさん選択肢をもつようにしていました。カフェや空いている時間のファミレス、カラオケ店、図書館、自習室など、勉強できる場所はいろいろあります。物理的に場所を移動すると気分も変わるので、高校生でも浪人生でもいくつかの行きつけを作っておくのはおすすめです。

ちなみにわたしは静かな場所だと集中できないタイプなので、スタバ

やタリーズ、ドトール、コメダ珈琲店などのカフェを巡ることが多かったです。滞在時間はきっかり2時間と決め、「今日はこの時間内にこれを終わらせよう」と目標を設定していました。

家族や友人と話す

　周りの人としっかりコミュニケーションをとることも重要です。わたしの東大の友人にも、受験勉強の合間に家族や友だちと話して息抜きをしていたという人がよくいました。

　勉強のことで頭がいっぱいになってしまいがちな受験生生活ですが、勉強の話題から離れられる時間はぜひ確保しておくといいと思います。

日記をつける

　受験生、特に独学で合格を目指す受験生は、自分と向き合う時間をとることがとても大切です。勉強だけに追われていると、ふとした拍子に「なんでがんばってるんだっけ？」とわからなくなってモチベーションが下がってしまったり、ガス欠状態になって前に進めなくなってしまったりしてしまうことがあります。

　わたしは受験生時代、気が向いたときに日記を書くようにしていました。内容もフォーマットも自由で、無地のノートにいまの思いを吐き出すだけですが、書いたあとには心が少し軽くなり、気持ちがいっぱいいっぱいになってしまうことを避けることができました。

「毎日書く！」などと決めなくてかまわないので、「書きたくなったら書ける」くらいの存在の日記ノートを用意しておくのがおすすめです。

　次ページからは、受験勉強をするなかで多くの人がぶつかるモチベーションやメンタルのお悩み・疑問について、わたしの経験をもとにお答えしたいと思います。

なんのためにがんばっているか わからなくなってしまったら？

　毎日受験勉強をしていると、ふと「なんのためにがんばっているんだっけ？　なんか、無理かも……」という気持ちになってしまうことがあるかもしれません。

　そんなときには一度立ち止まって、**「気持ちの棚卸し」**をしてみてください。これは、**自分の感じていることをしっかりと見つめ直す作業**です。紙とペンを用意して、たとえば次のようなことを書き出してみましょう。

- **なぜその大学に入りたいと思ったのか**（その大学に感じている魅力）
- **その大学に合格したらなにをしたいのか**
- **将来どんな人になりたいのか**
- **そのためにどんなことをしたらいいと思うか**
- **気持ちが下がってしまっている理由としてどんなことが考えられるか**
- **それを解消するためにできそうなことはなにか**

　これはあくまで例なので、自分がもやもやしていることについて自由に考えればOKです。自分で設定した議題について思いのままに考えを書き出していくと、それだけで心がすっきりしたり、運がよければ「これだ！」という答えが見つかって気持ちを切り替えることができたりします。

志望校を下げようかと弱気になってしまったときは？

　成績が思うように上がらなかったり、努力がすぐに結果に表れなかったりすると、「自分には無理なんじゃないか」「志望校を下げたほうがいいのかも」と弱気になってしまうこともありますよね。

　そんなときには、次のようなことを試してみてください。

これまで使ってきた教材を並べてみる

　いままで使ってきた教科書やノート、参考書、手帳、勉強計画表などを引っ張り出してきて、その場に並べるか積み上げるかしてみましょう。高校に入ってから使った教材がまだあまりないという人は、中学時代のものでもかまいません。

　そうしてみると、**「自分はこれだけがんばってきたんだ、だからきっと大丈夫」** とちょっぴり自信を取り戻せるはず。写真を撮ってスマホに保存しておけば、今度また弱気になったときにも見返すことができますよ。

周囲に相談する

　自分だけではなかなか強気になれない……という場合は、周りの人に話してみるのも手です。友だちに愚痴を聞いてもらったり、親

や先生に相談してみるのもいいでしょう。

あなたのことをよく知っている人であれば、話を聞いたうえであなたに合ったアドバイスや言葉をくれるはずです。

自分と志望校との縁を信じ込む

こじつけ的な技ですが、「僕こそ、この大学に入るべき人間だ！」「わたしがこの大学に入らないのって変じゃない？」と言い聞かせ、**自分と志望校には縁があると信じ込む**のもおすすめです。

思い込みやイメージの力というのは、じつはとても偉大です。「人生はイメージしたとおりになる」とも言われますが、**そうなると思い込んでしまえばそのとおりにできる可能性が上がるのです。**

日記や手帳に毎日「わたしは〇〇大学に入るべき人間である」と書き込むのもいいと思います。

志望校を下げるのは最後でいい

うまくいっていないとついつい不安になって志望校を下げようかと思ってしまいがちですが、その選択肢は最終手段。安易に選ぶのはやめましょう。

高い目標を設定しておけば、それを目指して高いレベルの努力を積むことができます。すると本当にその目標を達成できたり、万が一その目標には届かなかったとしても、その少し下くらいのレベル

の目標を叶えることができたりするものです。

　逆に低い目標を設定してしまうと、それ相応の努力しかすることができなくなり、最悪の場合は油断してその低い目標すら達成できなくなってしまうことも。

　目標を下げることはいつでもできるので、できる限り高い目標をキープしつづけるようにしてください。

やる気が出ない、つづかないときは？

　受験勉強においてモチベーションはとても大切な要素。ですが、「やる気が出ない」「モチベーションに波がある……」というお悩みを抱えている人も多いのではないでしょうか。

　そんなときには、次のようなことを意識・実践してみていただければと思います。

努力を可視化する

　「自分は全然がんばれていないな」と感じてしまうと、自己肯定感が下がってやる気も落ちてしまいますよね。逆に、「いい感じにがんばれてるかも！」とノリノリになれれば、いい気分で勉強をつづけることができるものです。

　自分をノらせるためには、**努力をしっかり目に見える形にすること**が大切です。たとえば一日なんとなくだらだらと勉強しているだけだと、夜寝るときに「今日はあんまり勉強できた気がしないな……」と思ってしまいますが、きちんと勉強時間を計って記録をつければ、「今日は英語を3時間、数学を1時間、合計4時間できた！」とがんばりを認めてあげることができますよね。

　楽しく勉強したい人には、わたしが大学受験生時代からやってい

る**「自分キャンペーン」**という方法もおすすめです。これは**短い期間を決め、その期間に集中的に勉強をがんばる**というもの。そして
「1時間勉強したら1ポイント」「この問題集を3問解いたら1ポイント」などと決めておき、貯まったポイント数に応じて自分の好きなものをごほうびとしてゲットできるようにしておきます。

わたしは食いしんぼうだったので、「10ポイント貯まったらチロルチョコ」「30ポイント貯まったらハーゲンダッツ」などとおやつをごほうびにしていました（食べすぎに注意……(笑)）。

とりあえず10分だけやってみる

どうしてもやる気が出ないときは、**「とりあえず10分だけ！」**と決めて取り掛かってみてください。

勉強でもなんでも、「いまからやるぞ」という最初のハードルがいちばん高いもの。逆に、始めてしまえば意外とそのまま惰性でつづけることができた、という経験のある人もいるのではないでしょうか。

これは**作業興奮**と呼ばれており、行動することによってドーパミンが分泌され、やる気や集中力が高まることが知られています。少

し逆説的に聞こえるかもしれませんが、**「やる気はやることによって出てくる」**のです。

「いまから3時間勉強しよう」などと思うと腰が重くなってしまいますが、10分くらいならできるような気がしますよね。もし本当に10分だけで終わってしまったとしても、0分よりは断然いいはず。まずはハードルを下げて取り組んでみましょう。

SNSで勉強アカウントとつながる

周りのがんばっている人と切磋琢磨してやる気を出すというのも方法の一つです。

InstagramやX（旧Twitter）などのSNSで**勉強垢**（勉強用アカウント）を作れば、日々の勉強記録を発信することで自分にいい意味のプレッシャーをかけたり、がんばっている人の勉強垢を覗いて「自分もがんばろう」と気合いを入れたりすることができます。ともに高め合えそうな人のアカウントをフォローしてみてくださいね。

受かった自分・落ちた自分を妄想する

いまの勉強の先にある状態を妄想するというのもモチベーションにつながる行動です。

いつでも妄想できるように、志望校のパンフレットは机の取り出しやすいところに置いておくのがおすすめです。それを開き、合格

してキャンパスを闊歩する自分、教室で授業を受ける自分、楽しい学生生活を送る自分の姿を妄想してみましょう。「こうなるためにいまがんばろう！」という気持ちになれるはずです。

逆に落ちてしまったときの状況や悲しい気持ちを想像し、**「こうならないためにがんばろう！」** と気持ちを高めるのも手。

どちらの姿を妄想するにしても、イメージはなるべく細かく具体的にもつようにしてください。
イメージがリアルであればあるほど、強いモチベーションにつながりやすくなります。

やる気がなくても勉強できる仕組みを作る

ここまでやる気を高める方法をご紹介してきましたが、**最終的には「やる気の波に左右されずに粛々と勉強できる状態」** が理想です。

やる気に頼らずに勉強するためには、**「覚悟」** と **「仕組み化」** が必要だとわたしは考えています。覚悟については1章で詳しくお話ししたので、ここでは仕組み化について説明します。

仕組み化というのは、半ば自動的もしくは強制的に勉強ができるようにするということ。 たとえば「今日はなんの勉強をしようかなあ」と毎日考えなくてはいけないようでは、タスクを考えるところからがんばらなくてはならなくなるので、やる気のない状態で勉強

を進めることは難しいですよね。

　でも、「試験までにこれを終わらせるには、この日はこのテキストをこのページまで進めなくてはいけない」とあらかじめ計画を立てておけば、多少やる気の波があろうと、その計画にしたがって勉強すればいいという状況にすることができます。

　他にも、

- 友だちと一緒に勉強する時間を決めておく
- 自習室の予約をとっておく
- カフェに寄って宿題を終えてから家に帰るというルールを決めておく
- 移動中の勉強用に暗記ノートを作っておく

など、仕組み化やルール化できることはいろいろあります。自分で決めるだけでは意志がつづかないという人は、誰かと約束したり誰かに宣言したりすることで強制力をつけてみるといいでしょう。

気が散って勉強できないときは？

「勉強中、どうしても気が散ってしまう」「目の前の勉強に集中できない」というときもありますよね。そんなときに試してほしい3つのことをご紹介します。

目に入る情報を減らす

　目に入ってくる情報が多いと、どうしても気が散ってしまいがちです。**まずは勉強スペースの周りにある、勉強と関係のないものをできる限り視界から外すようにしましょう。**スマホやゲームなど誘惑となるものはもちろん、いまやっている科目以外の教科書や参考書も片づけられるとベスト。「数学の課題が終わっていないことが気になって、目の前の英語の勉強が進まない」ということもあるからです。

　整理が苦手な人や時間がないときは、しっかり片づけなくても、**とりあえず机の上のものをどんとまとめて床に落とすのでもOK。**どんな方法でもいいので、目の前の勉強と向き合えるシンプルなスペースを作ることが大切です。

集中しやすい机のポイント

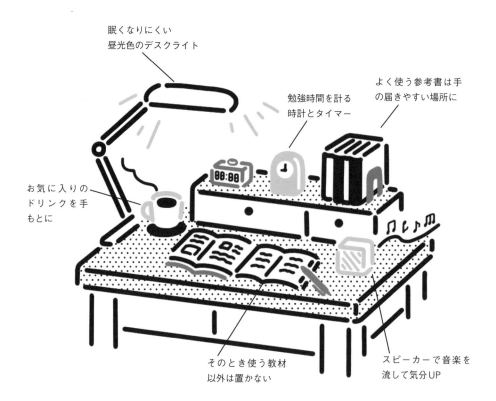

眠くなりにくい
昼光色のデスクライト

勉強時間を計る
時計とタイマー

よく使う参考書は手
の届きやすい場所に

お気に入りの
ドリンクを手
もとに

そのとき使う教材
以外は置かない

スピーカーで音楽を
流して気分UP

勉強場所を変える

　そもそも居場所を変えてしまうというのも有効な方法です。家で集中できない場合は、図書館や自習室、カフェなどに行ってみると環境が変わって不思議と勉強が捗（はかど）ることも。

　家の中でも、勉強机の前を離れてリビングやソファーに移動してみたり、お風呂やきょうだいの部屋で勉強してみたりすると新鮮な気持ちになれますよ。ちなみにわたしは首肩こりがひどい体質なので、よくベッドで仰向け状態で勉強しています。

立ったり歩いたりしながら勉強する

　一つの場所でじっと座って勉強しようとすると気が散ってしまうときでも、動きながらだと意外と集中できることがあります。

　キッチンのカウンターをスタンディングデスク代わりにして立って勉強してもいいし、廊下を歩きながら勉強するのもおすすめです。身体を動かしながら勉強すると記憶の定着もよくなるといわれているので、ダンスのような振りをつけながら暗記学習をするのもいいでしょう。

集中できない自分を
責めてしまうときは？

　勉強に集中できないときって、ついつい「がんばらなければいけないのに、どうしてわたしってこうなんだろう……」と自分を責めてしまいそうになりますよね。

　でも、落ち込む必要はまったくありません。なぜなら、**集中できないなら、集中しなくてもできる勉強をすればいい**からです。

　わたし自身も昔から集中力がなく、20分程度集中できればいいほうという感じです。自分には長時間一つのことをつづけるのは難しそうだぞとわかってからは、

- 短時間に区切って、やることをどんどん「味変」しながら勉強する
- 家の中でもよそ行きの服を着て緊張感をもつ
- そのときの自分が集中できそうなBGM（洋楽のときもあれば邦楽のときも。歌詞が気になってしまうときには水の音やカフェの音などの環境音）を流す
- 勉強道具だけを持ってカフェに行き、勉強するしかない状況を作り出してなんとか勉強する

といった工夫をして、集中できないなりに少しずつ勉強量を積み上げるようにしてきました。

　もちろん集中力はあるに越したことはないのですが、**なくても勉強はできる**ので自分を責めないようにしてくださいね。

スマホと上手に付き合うには？

スマートフォンが気になってしまって勉強が捗らないという人もいると思います。動画で授業を受けている人など、勉強にスマホが必要になってしまうので手放せないという場合は特に厄介ですよね。

勉強にスマホを使う必要がない場合とある場合に分けて、スマホとの上手な付き合い方のコツをご紹介します。

勉強にスマホを使う必要が「ない」場合

勉強道具としてスマホを使う必要がない場合は、次のようなことを実践してみてください。

◉ スマホを別の部屋に置く

自分が勉強している部屋とは別の部屋にスマホを置くという方法です。シンプルですが、個人的には電源を切って自室に置いておくよりも効果がありました（近くにあると結局つい電源を入れてしまうわたし……）。

できれば階段を上り下りしなければ行けない部屋や、親やきょうだいのいる部屋など、「勉強中にスマホを取りにそこまでするのはカッコ悪いなぁ……」と思える場所に置くのがおすすめです。

◎ タイムラプス機能で勉強風景を録画する

スマホカメラのタイムラプス機能を使って、自分が勉強している様子を撮影するのも効果的です。

このタイムラプス勉強法には、撮影している間スマホを触れなくなるというだけでなく、撮影した映像をあとから観て達成感を味わったり、SNSの勉強垢にアップすることで意識の高い友だちと刺激を与え合ったりできるというメリットも。まだやったことがないという人はぜひ一度試してみてくださいね。

◎ スマホ依存解消アプリを活用する

専用のアプリを使ってスマホ依存を脱却するのもおすすめです。

わたしは大学時代、スマホを触っていない時間の長さに応じてかわいいお魚が育つ『スマホをやめれば魚が育つ（スマやめ）』というアプリを使っていました。木を育てる『Forest』というアプリもおすすめ。集中時間をカウントして記録してくれる『集中』というアプリも、シンプルなデザインで使いやすく人気です。

勉強にスマホを使う必要が「ある」場合

ここからは、勉強にスマホを使う必要がある場合でも使える方法をご紹介します。

◎ 本当にスマホでなければいけないのか考える

スマホを使って勉強する前に、一度立ち止まって**「本当にそのスマホがないとできないのか？」**を考えてみてください。

もし単語や用語を調べるのにスマホを使おうとしているなら、電子辞書を用意できないか考えてみる。もし映像授業を自分のスマホで観ようとしているなら、LINE や YouTube など誘惑になるアプリを入れていないタブレットや親のスマホなど、別の端末で観られないか考えてみる。なにも考えずに自分のスマホを使用するのではなく、一度他の方法を検討する癖をつけておきましょう。

そのうえで、もしどうしても自分のスマホを使うしかないのであれば、次のようなことを試してみてください。

◉ 気になるアプリの通知をオフにする

シンプルな方法ですが、まずは気になるアプリの通知を切ってしまいましょう。通知が来なくなるだけでも、だいぶ気が散りにくくなるはずです。

わたしも普段、SNS やすぐに確認する必要のないアカウントのメールの通知はすべてオフにしています。

◉ 娯楽アプリを隠す

机の上の誘惑となるものは片づけましょうとお伝えしましたが、スマホにおいてもこれは同じです。

YouTube や Netflix など、自分にとって娯楽となるアプリはなるべく視界に入らないように整理しましょう。ホーム画面のトップではなく、**数スクロールしたところに娯楽アプリ用のフォルダを作ってそこにしまっておく**ようにすれば、少なくとも簡単に目に入って

きて無意識に開いてしまうということを避けられます。

◎ オフライン状態で使えるようにしておく

　可能であれば、視聴予定の映像授業や使う教材のデータなどを**オフライン状態で使えるようにしておく**のもおすすめです。そしてスマホを使うときには**機内モード**に設定して、SNSやLINEを使用できないようにすれば誘惑はかなり減るでしょう。

◎ 「逆スクリーンタイム」を記録する

　多くのスマホについている、スマホを使用した時間がわかる**「スクリーンタイム」**の機能。これをチェックしてスマホ時間を減らそうとがんばるのもいいのですが、勉強にスマホを使う場合には難しいですよね。

　わたしのおすすめは、**「スマホを使った時間＝スクリーンタイム」**ではなく、**「スマホを（勉強以外のことに）使わなかった時間＝逆スクリーンタイム」**を記録すること。タイマーなどを使って、逆スクリーンタイムを少しずつ長くできるように工夫していくといいでしょう。

テストや模試の結果が悪くて 落ち込んでしまうときは?

　テストや模試に向けて一生懸命勉強したのに結果が悪かったときって、自分を否定されたような、神様に見放されたような感じがして落ち込んでしまうことがありますよね。

　ですが、一度落ち着いて考えてもらいたいのは、**テストや模試はその人の価値を測るものではない**ということです。そうではなく単純に、「授業ではこういうことを勉強したけど、覚えているかな?」「入試ではこういう知識が必要だけど、すでにおさえられているかな?」ということをクイズ形式で確かめてくれる便利なツール。
　間違えれば間違えるほど、「入試本番までに自分の穴がわかってラッキー!」というのがテストや模試なのです。

　加えてわたしは、勉強でスランプに陥っているとき、**「こんなことに屈する自分ではないはず」「目の前にあるのは、あとは上がっていくだけの上り坂だ」**と思うようにしていました。いまが悪いなら、あとはよくなっていくだけ。
　どんどん上に行ってやる!　と気持ちを切り替えると、強気で勉強を再開することができますよ。

受験の不安やプレッシャーに 押しつぶされそうなときは？

　入試が近づけば近づくほど、不安やプレッシャーで気持ちがいっぱいいっぱいになってしまうものです。1年近い自宅浪人生活を通してずいぶんと強くなっていた浪人時代のわたしでさえ、受験直前はストレスで1週間くらいずっとお腹を壊していました。

　そんな人にまず知っておいてほしいのは、**「あなたが志望校に受かれば誰かを喜ばせることはできるけれど、あなたが落ちたとしても誰かを傷つけることはない」**ということです。もちろん多少残念がる人はいるかもしれませんが、それはその人の勝手な気持ちなので本来気にする必要はありません。

　あなたの合格によって幸せになる人はいますが、不合格によって不幸になる人はいません。だから変なプレッシャーを背負う必要はないのです。

　それを踏まえたうえでやってほしいのが、**不安の要素分解**です。

　不安は漠然としたままだと、対処のしようがなくずっと残りつづけてしまいます。一方、「どんなことが不安なのか」と細かな要素に分解すれば、一つひとつの具体的な不安に対して具体的な対策を考えることができます。

たとえばわたしの大学受験期の不安を分解すると、次のような内容とその対策を考えることができました。

- **勉強が間に合わないのではないか？　という不安**
  →勉強計画を見直し、優先順位をつけて勉強する
- **当日体調を崩してしまうのではないか？　という不安**
  →体調管理と当日の体調シミュレーション（「試験会場ではまずお手洗いの場所の確認を行う」「体調を崩したらこの薬を飲む」など決めておく）を行う
- **試験で実力を発揮できないのではないか？　という不安**
  →当日の試験シミュレーションを行い、緊張しないように工夫する

　要素分解は勉強でも仕事でも役立つ考え方の一つなので、これを機に慣れておくと便利です。

浪人中に大失恋してしまった わたしが立ち直るためにやったこと

　156ページからのコラムでお話ししたとおり、わたしは高2から付き合っていた彼氏と「どちらかが東大に落ちたら別れる」という約束をしていたものの、合格発表直後には別れずしばらく関係がつづいていました。

　ですが、彼が東大進学に際して上京し、わたしが地元に残って自宅浪人生活を始めてから約3カ月後の7月頭に、結局お別れすることになりました。もともとの約束ではあったし、遠距離でもあったのでやむを得ないと思いましたが、わたしにとっては人生で初めて本当に好きになった人とのお別れ。しかも浪人中、さらには普段誰にも会わない宅浪中という状況だったので、しばらく眠れない時期がつづくなど精神的にはかなりしんどいものがありました。

　ときどき「受験生なのに失恋をしてしまい、どうしたらいいかわかりません」というご相談をいただくことがあるので、当時のわたしがどのようなことをしたり考えたりして立ち直ったのか、少しお話ししたいと思います。

思い出のものをすべて片づける

　最初にやったのは、彼との思い出の品をすべてまとめて目につかないところにしまい込むということでした。月並みですが、やはり目に入ると思い出してしまうので、そもそも視界から排除するとい

うのは必要なことだったと思います。ちなみに、いまはそれらがどこにあるのかもわかりません……(笑)

連絡をしない

　いままでどおり連絡をつづけていては彼のことを忘れられないし、関係が戻ることを期待してしまうかもしれないと思ったので、しばらく連絡は断つことにしました。その後またときどきやりとりをするようにはなりましたが、恋人同士のような頻度で連絡をつづけることは避けてよかったと思います。

　大事な模試や受験の時期には、彼から励ましをもらったり、こちらから報告をしたりしていました。

長いスパンで考える

　個人的にいちばん効果(？)があったのはこれでした。失恋したとき、わたしは19歳。女性の平均初婚年齢は29歳くらい(当時)と考えると、その年齢に達するまでは10年くらいあることになります。

　そう考えたときに、「まあ、彼とのことはあと10年くらいの間に結論が出ればいいのか」と思うことができたんです。お別れした直後は「早いうちに復縁したい」というような気持ちもありましたが、そんなに急ぐことはないな、次の受験までは勉強に集中して大丈夫だし、なんならそのあとも10年くらい猶予があるんだから大丈夫、って。

　そう考えると少し気持ちが楽になって、それまでよりおおらかな気持ちで過ごすことができました。

合格がわかった日にわたしが 思ったこと、やったこと

156ページからのコラムで、わたしが東大に落ちたときのことをお話ししました。これは、不合格になったときに起こることや感じることをリアルにお伝えすることで、**「こうならないためにがんばって勉強しよう！」**というイメージトレーニングに役立ててほしかったからです。

ここでは逆に、わたしが東大に受かったときのことをお話ししたいと思います。

志望校に合格したときに起こること・感じることをできる限りリアルにお伝えするので、**「こうなるためにがんばって勉強しよう！」**というイメトレに使っていただけたらとてもうれしいです。

その年の合格発表はキャンパス内の工事の関係で、オンラインと郵送のみで行われることになっていました。そのため1年前とは違い、わたしは東京には行かず自宅で発表を待っていました。

2月25日と26日に二次試験を受けてから、直後は6割5分くらいあった自信が、しばらくして6割くらいになり、最終的には「五分五分かも……」と思うくらい不安になっていました。

でも、発表の前日、なぜだか翌日の発表が楽しみだという気持ちが直感のように芽生えて。そして不思議と熟睡することができ、翌

朝を迎えたのでした（しかも寝坊して10時起床）。

　正午に合格発表を控えたその日の午前中、父は仕事に行っていて、母は午後出勤の予定かなにかで家にいました。わたしは起きてからなぜかよそ行きのきちんとした服装に着替え、歯磨きを念入りにして発表を待ちました（なぜ？（笑））。

　パソコンで合格発表用のサイトを開いて待っていると、正午になり、ついに結果が公開されました。

　1ページ目に自分の番号がなく、一瞬焦りましたが、2ページ目以降につづいていることがわかり胸をなで下ろしました。そして自分の番号を見つけることができました。

　うれしい、という気持ちはその瞬間にはまったく湧かなくて、ただただ脱力でした。ほっとした、という気持ち。これだけがんばって、これだけ応援してもらって、これで落ちてたら一体全体どうしよう……と思っていたので、本当に安堵の感覚しかありませんでした。

　「番号あった！」と言うと、そばにいた母が**「ええ！　受かった受かった！　すごい、おめでとう！！」**と跳び上がらんばかりに喜んで抱きしめてくれました。それでようやく、「うれしい」という気持ちを感じることができました。

　会社にいた父にもすぐに電話して報告すると、父もとても喜んで

くれました。ちなみに二人ともいまだに自分の子どもが東大に入ったことに驚いていて、ことあるごとに「本当に私たちの子なのかねえ」と言ってきます……入学直後のクラス写真を見せたときには、「写り込んだんじゃないよね？」と疑われていました（笑）

　浪人中にお世話になった母校の先生方にも報告し、どの先生もとても喜んでくれました。いつもちょっと怖いと思っていた先生が心からうれしそうに「よかったなあ、本当に」と言ってくださったときには、なんだか泣きそうになってしまいました。

　わたしは浪人中、日々の勉強記録やつぶやきを投稿するブログを書いていたのですが、そこでも報告をするとたくさんの読者さんたちがお祝いしてくれました。

「これまで一度もコメントできませんでしたが、時に涙しながら記事を読み応援していました」という方もいて、本当にたくさんの方々に応援していただいていたんだなとあらためて実感しました。

　そして合格発表の翌日、わたしは勉強法の情報発信をする学生団体を立ち上げました。受験勉強をするなかでずっと感じていた**都市部と地方の情報格差**を少しでも埋めたくて、もし東大に合格することができたら、自分や受験経験者の知識・体験をまとめたサイトを作ろうと決めていたんです。

　この団体としての活動はそのあと数年後に終えましたが、この経験はいまのわたしの発信活動につながっています。

2年間にわたる受験勉強で、やってよかったこと、失敗したこと、もっと早くに知りたかったこと、自分なりに発見したことなど、いろいろな学びがありました。

　いまのわたしのお仕事は、その学びを可能な限りわかりやすく再現性の高い形に落とし込んで、できるだけ多くの方にそれを伝えることです。これからも日々たくさんのことを学び取りながら、みなさんにシェアしていくことができたらと思っています。

おわりに

　浪人時代、東大の二次試験の前々日に、わたしはこんなことを日記ブログに書いていました。

> 　去年受かってればこんな二度手間にならなかったのに、という思いがないと言えば嘘になる。落ちたことで失ったものは数知れません。でも、それでも、この一年で得たものはそれよりさらに多い。
>
> 　負け惜しみだと思われるかもしれないけど、かまいません。だってこれは本心だから。それに、今後のわたしの人生を見てもらえばわかることです。
>
> 　わたしは受験勉強を通して、本当にたくさんのものを手に入れました。それは学力とか知識とか、その結果としての学歴とか、そういうことではありません。もっともっと本質的で汎用性の高いもの——夢や目標を叶える力、自分を信じる力、しんどくても歯を食いしばる力、学びを工夫し楽しむ力といった、この先も生涯役立つ宝物のことです。

　もちろんわたしは、これを読んでくださっているすべての方に志望校合格の夢を叶えてほしいと思っています。ですが、やはりそれ以上に大切なのは、勉強や学びを楽しめる人になることです。

　勉強は大学に合格して終わるものでも、大学を卒業して終わるものでもありません。社会に出て仕事をするとき、趣味の教室に通うとき、子育てをするとき、介護をするとき、どんなときでも「学ぶ」ことは必要になります。わたしは社会人5年目になりましたが、いまも毎日学ばなければな

らないことの連続です。

　そんなとき、臆病にも卑屈にもならず、「初めてのことなので勉強します！」と笑顔で言えるようになること。どんな難しい問題にぶち当たっても、楽しく学んで壁を乗り越えられる人になること。

　それが、わたしが大学受験をがんばってよかったと思っている最大の理由であり、本書を通じてみなさんに手に入れてほしい未来でもあります。

　最後になりますが、無謀にも東大を受験すると豪語したわたしを一度も疑ったり否定したりせず応援しつづけてくれた両親、在学中も自宅浪人中も親切に勉強を教えてくださった母校の先生方に、この場を借りて感謝を伝えたいと思います。

　そして、本書をつくるにあたって素晴らしい企画と細やかなサポートをしてくださったKADOKAWAの篠原若奈さん、素敵な装丁に仕上げてくださったエントツの喜來詩織さん、関わってくださったみなさんに、この場をお借りして心から御礼申し上げます。

　みなさんの受験勉強ライフが、ごきげんで充実したものになりますように。これからもずっと応援しています。

受験生におすすめの文房具
「みおりん Study Time」

スタディーノート B5

6ミリの罫線の中に3ミリの方眼が入った特別フォーマットで、文字だけでなく図やグラフ、表もきれいに描くことができる万能ノート。左の2列には縦線が入っており、見出しの文頭をそろえて書くことができます。全6色。

ルーズリーフ B5
全般用

こちらも6ミリの罫線の中に3ミリの方眼が入ったフォーマット。あらゆる科目やシチュエーションに対応できるので、全科目、授業ノートにも受験勉強用の自学ノートにもおすすめです。

ルーズリーフ B5
問題演習用

問題演習専用に開発された人気商品。縦に薄く4分割線が入っているので、自分で線を引かなくてもたくさんの問題の答えを書き込むことができます。上下左右の余白も少なく設計されているため、すみずみまでたっぷりと書けます。

問い合わせ先 ▶ サンスター文具株式会社　　電話：03-3872-7141　　Web：https://www.sun-star-st.jp

みおりん

勉強法デザイナー。「すべての人にごきげんな勉強法を」をコンセプトに活動。地方から東大を受験し、高3では模試でD〜E判定しかとれず、本番でも大差で不合格に。1年間の自宅浪人生活を経て東大文Ⅲに合格し、その後法学部へ進学。3年生修了と同時にカナダでのワーキングホリデー留学に挑戦し、2019年3月に東大を卒業。YouTubeチャンネル「みおりんカフェ」（チャンネル登録者数14万人/2023年8月時点）でも、ノート術や勉強法を動画で楽しく紹介。著書に『東大女子のノート術 成績がみるみる上がる教科別勉強法』（エクシア出版）や、『やる気も成績もぐんぐんアップ! 中学生のおうち勉強法』シリーズ（実務教育出版）などがある。

◎YouTubeチャンネル:『みおりんカフェ』
◎ブログ:『東大みおりんのわーいわーい喫茶』
◎Instagram:@miorin2018
◎X（旧Twitter）:@miori_morning
◎TikTok:@miorincafe

大学合格を引き寄せる！
東大卒がおしえる
逆転おうち勉強法

2023年9月21日 初版発行

著　者　　みおりん

発行者　　山下 直久

発　行　　株式会社KADOKAWA

　　　　　〒102-8177

　　　　　東京都千代田区富士見2-13-3

　　　　　電話0570-002-301（ナビダイヤル）

印刷所　　大日本印刷株式会社

製本所　　大日本印刷株式会社

● お問い合わせ

https://www.kadokawa.co.jp/（「お問い合わせ」へお進みください）

※内容によっては、お答えできない場合があります。

※サポートは日本国内のみとさせていただきます。

※Japanese text only